At Night the Cats

Antonio Cisneros
At Night the Cats

Edited and translated by

MAUREEN AHERN, WILLIAM ROWE
and DAVID TIPTON

Red Dust   New York

The Spanish text of *Comentarios Reales* from which 17 poems are translated
was originally published by La Rama Florida and Ediciones de la Biblioteca
Universitaria, Lima, Peru, 1964; the 19 poems from *Canto Ceremonial Contra
un Oso Hormiguera* were originally published in Spanish by Casa de las Américas,
Havana, Cuba, 1968; the 6 poems from *Agua que no Has de Beber* by Carlos
Milla Batres Ediciones, 1971, Barcelona, Spain; the 18 from *Como Higuera en
un Campo de Golf*, Instituto Nacional de Cultura, Lima, 1972; and the 12 from
El Libro de Dios y los Húngaros by Libre-I Editores Lima, 1978; and the 4 from
La Crónica del Nino Jesús by Premiá Editores, Mexico, 1981.

In their present or earlier versions many of these poems were first published
in the following magazines: *Ambit, Caliban, El Corno Emplumado, Grosseteste
Review, Haravec, Lettera, Limestone Review, London Magazine, New Directions
Review 43, New Orleans Review, Nimrod, Palantir, Rocky Mountain Review of
Language and Literature, Second Aeon, Stand, Tri-Quarterly, Twentieth Century,
Windows, Works,* and in the anthologies, *Poetry of the Committed Individual,
Playing with Fire, Between Fire and Love, The Spider Hangs Too Far from the
Ground* and *Helicopters in the Kingdom of Peru.*

Published by Red Dust, Inc. 1985
All rights reserved
Library of Congress Catalogue Card Number: 84-061443
ISBN 0-87376-044-1

This publication has been made possible in part by a grant from the National
Endowment for the Arts in Washington D.C., a Federal Agency.

Contents

PART I

Royal Commentaries

PARACAS

Desde temprano,
crece el agua entre la roja espalda
de unas conchas
y gaviotas de quebradizos dedos
mastican el muymuy de la marea
hasta quedar hinchadas como botes
tendidos junto al sol.
Sólo trapos
y cráneos de los muertos nos anuncian
que bajo estas arenas
sembraron en manada a nuestros padres

PARACAS

Since early morning
the water has been rising between the red backs
of the shells

and fragile-footed gulls
chewing the small tidal animals

until they're swollen like boats
spread out beneath the sun.

Only rags
and skulls of the dead   tell us

that beneath these sands
our ancestors were buried in droves.

(M.A. & D.T.)

PACHACAMAC

Todavía la tierra entre mis dedos
y esta dura paja me entristecen.
Aquí el constructor hundía sus rodillas
en la arena o espantaba
muchachos de quemadas espaldas,
merodeadores de estanques y terrazas.
No han llegado las balsas
ni los viejos con sus gorros peludos,
sus cintas de colmillos. Apenas
unas lagartijas arrugadas y verdes
se acuestan en los muros, orinan
casi a diario sobre el pellejo
del sabio constructor.

PACHACAMAC

Even the earth between my fingers
and this tough straw, sadden me.
Here the builder went down on his knees
in the sand, or chased off
boys with sunburnt backs,
maurauders of the reservoirs and terraces.
The rafts haven't come yet
nor the old men with fuzzy caps
and necklaces of teeth. Only
a few green and wrinkled lizards
sleep in the walls, and piss
almost daily on the hide
of the wise builder.

(D.T.)

TRABAJADORES DE TIERRAS PARA EL SOL

Sabían
que el sol
no podía
comer
ni siquiera
un
retazo
de choclo,
pero evitaron
el fuego,
la estaca
en
sus
costillas.

WORKERS OF THE SUN'S LAND

They knew
the sun
could eat
not even
one shred
of sweet-corn,
but avoided
the fire,
the spear in
under their
ribs.

(M.A. & D.T.)

ANTIGUO PERU

Con ramas de huarango
espantaban las moscas que crecían
sobre el pecho de sus muertos.
En las piedras del templo,
viejos curacas hacían el amor
con las viudas, y un sol enrojecido
achicharraba
los huesos de sus hijos.

ANCIENT PERU

With *huarango* branches
they scared off the flies
that swarmed
above the breasts of the dead
On the temple stones
old chieftains made love
with the widows and a red sun
scorched
their children's bones.

(M.A. & D.T.)

LOS CONQUISTADORES MUERTOS

I

Por el agua aparecieron
los hombres de carne azul,
que arrastraban su barba
y no dormían
para robarse el pellejo.
Negociantes de cruces
y aguardiente,
comenzaron las ciudades
con un templo.

II

Durante ese verano de 1526
derrumbose la lluvia
sobre sus diarios trajines y cabezas,
cuando ninguno había remendado
las viejas armaduras oxidadas.
Crecieron también negras higueras
entre bancas y altares,
en los tejados
unos gorriones le cerraban el pico
a las campanas.
Después en el Perú nadie fue dueño
de mover sus zapatos por la casa
sin pisar a los muertos,
ni acostarse junto a las blancas sillas
o pantanos
sin compartir el lecho con algunos
parientes cancerosos.
Cagados por arañas y alacranes,
pocos sobrevivieron a sus caballos.

THE DEAD CONQUERORS

I

They came by water
these men with blue flesh
who trailed beards
and never slept
in order to rob each other blind.
Dealers in crosses
and brandy, who
founded their cities
with a temple.

II

During that summer of 1526
the rain tumbled down
on their daily work, and heads
and no one repaired
the rusty old armour.
Black fig trees grew
between the pews and altars,
while on the rooftiles
sparrows choked up the belfry
silencing the bells.
Afterwards in Peru
no one could move around
in his own house
without treading upon the dead,
nor sleep next to white chairs
or swamps
without sharing his bed
with some cancerous relatives.
Shit upon by scorpions and spiders
few survived their horses.

(M.A. & D.T.)

CUESTION DE TIEMPO

I

Mal negocio hiciste, Almagro.
Pues a ninguna piedra
de Atacama podías pedir pan
ni oro a sus arenas.
Y el sol con su abrelatas
destapó a tus soldados
bajo el hambre
de una nube de buitres.

II

En 1964,
donde tus ojos barbudos
sólo vieron rojas tunas,
cosechan —otros buitres—
unos bosques
tan altos de metales,
que cien armadas de España
por cargarlos
hubieran naufragado bajo el sol.

QUESTION OF TIME

I

A bad deal you made, Almagro.
From no stone
of the Atacama could you beg for bread
nor gold from its sand.
And the sun's tin-openers
exposed your soldiers
to the hunger
of a cloud of vultures.

II

In 1964,
where your bearded eyes
saw only red cactus,
other vultures reap
forests
so deep in metals
that a hundred Spanish armadas
transporting them
would have shipwrecked beneath the sun.

Translator's Note: Almagro was joint-leader with Pizarro of the Spanish expedition to Peru. Granted the southern half of the Inca Empire he went on an arduous journey to investigate his portion, and returned to Cuzco believing himself cheated. Thus began the Civil Wars between the conquerors.

(D.T.)

ORACIONES DE UN SEÑOR ARREPENTIDO

NOTA.— Durante el virreynato, cuando los grandes señores llegaban a la véjez, hartos de fechorías —o imposibilitados para ellas por sus huesos— dedicábanse a escribir poesía religiosa. Muchos trasnocharon acomodando versos, hasta coger enfermedades terribles. Así, la muerte los sorprendía en plena charla con Dios.

1. *CUANDO EL DIABLO ME RONDABA ANUNCIANDO TUS RIGORES*

Señor, oxida mis tenedores y medallas, pica estas muelas,
enloquece a mi peluquero, los sirvientes
en su cama de palo sean muertos, pero líbrame del Diablo.
Con su olor a cañazo y los pelos embarrados
se acerca hasta mi casa, lo he sorprendido
tumbado entre macetas de geranio, desnudo y arrugado.
Estoy un poco gordo, Señor, espero tus rigores, mas no tantos.
He envejecido en batallas, los ídolos han muerto.
Ahora espanta al Diablo, lava estos geranios y mi corazón,
Hágase la paz, amén.

PRAYERS OF A REPENTANT LORD

Note: During the Viceroyalty, when the great lords reached old age, surfeited with misdeeds, or tired to their bones no longer capable of committing them, they devoted themselves to writing religious poetry. Many spent whole nights working at their verses, until they contracted terrible diseases. And thus death surprised them in conversations with God.

WHEN THE DEVIL HAUNTS ME, PROCLAIMING YOUR RIGORS

Lord, rust my forks
and medals, rot my teeth,
drive my barber crazy,
strike dead
the servants in their cribs
but free me from the devil.
Smelling of rum, his hair matted,
he comes up to my house
and I've surprised him
naked and wrinkled
rolling among the geraniums.
I'm a little fat, Lord,
and am awaiting your rigors,
but not that many.
I've aged in battles,
the idols are dead.
Now, scare off the devil,
wash these geraniums
and my heart too, and
may there be peace, amen.

(M.A. & D.T.)

2. CUANDO LIBRADO DEL DEMONIO, COMULGUE DE MANOS DEL OBISPO

Señor, siento tu sangre
embravecer mis venas,
lecho de hojas tu carne
me conforta,
es más dulce este amor
de los rigores
que ropajes ociosos
y tabernas.
Fiero, me has colmado
de favores,
mas mi reciente piedad
está quejosa
del obispo, Señor:
tu santo cuerpo en sus manos
—las mismas que secuestran
candelabros
y los cambian por vino—
se hace añicos.
Manos viajeras
entre confesionarios
sobre el cuerpo
de viudas
o muchachos.
Raja sus dedos, Señor,
con sal lava sus ojos,
que las ratas
mastiquen sus anillos,
su mitra colorada,
y haz un cerco, Señor,
con tus guerreros,
porque el diablo
no escape de su alma.

WHEN FREED FROM THE DEVIL,
I RECEIVED COMMUNION FROM THE BISHOP

Lord, I feel your blood
raging in my veins,
your flesh a bed of leaves
comforts me,
and this love of rigors
is sweeter
than idle vestments
or taverns.
Your wrath is a favor
you've lavished upon me,
moreover my recent piety
rails against the Bishop.
Lord, your saintly body in his hands
—the same that pilfer
candelabras
and exchange them for wine—
is broken into pieces.
Hands that
between confessions
wander over
the bodies of widows
and boys.
Lord, split his fingers,
wash his eyes with salt,
let the rats
gnaw his rings
and crimson mitre,
corral him
with your warriors
so that the devil
cannot escape
from his soul.

(M.A. & D.T.)

3. CUANDO MURIO EL OBISPO, QUE EN VERDAD ERA DE TU CALAÑA

Señor, ha muerto
tu cómplice el obispo.
Algunas viejas lloran
en medio de campanas enterradas
y guardan regocijado luto
sus deudores.
Señor, era en verdad
tu amigo,
y junto al mostrador
de tablas te preocupaban
sus negocios.
En otros tiempos
hinchaste tus baúles
con la granja de Abel.
También sospecho que a sabiendas
a Jesús lo mandaste
al matadero.

ON THE DEATH OF THE BISHOP, WHO WAS TRULY OF YOUR ILK

Lord, your accomplice
the Bishop is dead.
Some old women
are weeping
among muted bells
and his debtors
observe joyful
mourning.
Lord, he was truly
your friend,
and at the business table
you took care
of his deals.
In the old days
you stuffed your chests
from Abel's portion.
I also suspect
you knowingly
sent Jesus
to the slaughter-house.

(M.A. & D.T.)

TUPAC AMARU RELEGADO

Hay libertadores
de grandes patillas sobre el rostro,
que vieron regresar muertos y heridos
después de los combates. Pronto su nombre
fue histórico, y las patillas
creciendo entre sus viejos uniformes
los anunciaban como padres de la patria.

Otros sin tanta fortuna, han ocupado
dos páginas de texto
con los cuatro caballos y su muerte.

TUPAC AMARU RELEGATED

There are liberators
with long sideburns
who saw the dead and wounded brought back
after the battles. Soon their names
were history and the sideburns
growing into their old uniforms
proclaimed them founders of the nation.

Others with less luck have taken up
two pages of text
with four horses and their death.

Translator's note: Tupac Amaru II was the leader of an abortive insurrection against the Spanish in 1780. He was captured and they attempted to pull him apart with four horses before beheading him in the plaza at Cuzco.

(D.T.)

TRES TESTIMONIOS DE AYACUCHO

*"Amaneció al fin, el 9 de diciembre de
1824, el día más grande para la América
del Sur, y pudieron encontrarse frente a
frente los soldados de la libertad y el
despotismo".*

(*Mi Primera historia del Perú*)

1. DE UN SOLDADO

Después de la batalla, no había sitio donde amontonar
a nuestros muertos, tan sucios y ojerosos, desparramados
en el pasto como sobras de este duro combate.
Los héroes hinchados y amarillos se mezclan entre piedras
o caballos abiertos y tendidos bajo el alba: es decir,
los camaradas muertos son iguales
al resto de otras cosas comestibles después de una batalla,
y pronto
100 pájaros marrones se reproducirán sobre sus cuerpos,
hasta limpiar la yerba.

THREE TESTIMONIES OF AYACUCHO

> *"On the 9th of December, 1824, the greatest day in South American history finally dawned, when the soldiers of freedom met the soldiers of despotism face to face."*
>
> (From *My First History of Peru*)

FROM A SOLDIER

After the battle
there was nowhere to pile up
the dead,
so dirty and hollow-eyed, scattered
over the grass like leavings
from this tough fight,
the swollen and yellowed heroes
are littered among the stones
and disembowelled horses
stretched out beneath the dawn.

I mean that dead comrades
are the same
as any other edible things
after a battle, and soon
a hundred brown birds
will flock upon their corpses
until the grass is clean.

(M.A. & D.T.)

2. DE UNA MADRE

Unos soldados que bebían aguardiente me han dicho que
      ahora este país es nuestro.
También dijeron que no espere a mis hijos. Debo entonces
cambiar las sillas de madera por un poco de aceite y unos
      panes.
Negra es la tierra como muertas hormigas, los soldados
      dijeron que era nuestra.
Sin embargo cuando empiecen las lluvias
he de vender el poncho y los zapatos de mis muertos,
      guardarme del halcón.
Algún día compraré un burro peludo para bajar hasta mis
      campos de tierra negra,
para cosechar
      en las anchas tierras moradas.

FROM A MOTHER

Some soldiers who were drinking brandy
have told me that now this country
is ours.
They also said
I shouldn't wait for my sons.
So I must
exchange the wooden chairs
for a little oil and some bread.
The land is black as dead ants,
the soldiers said it was ours.
But when the rains begin
I'll have to sell
the shoes and ponchos
of my dead sons.

Some day I'll buy a longhaired mule
and go down to my fields
of black earth
to reap the fruit
of these broad dark lands.

(M.A. & D.T.)

3. DE LA MADRE, OTRA VEZ

Mis hijos y otros muertos todavía
pertenecen al dueño de los caballos,
dueño también de tierras y combates.

Unos manzanos crecen entre sus huesos
o estas duras retamas. Así abonan
los sembríos morados. Así sirven
al dueño de la guerra, del hambre
y los caballos.

FROM A MOTHER AGAIN

My sons and the rest of the dead
still belong to the owner of the horses,
who's also the owner of the lands and battles.

A few apple trees grow among their bones
and the tough gorse. That's how they fertilize
this dark tilled land.
That's how they serve the owner
of war, hunger and the horses.

(M.A. & D.T.)

SENTADO EN MI JARDIN

Sentado, amarro mis zapatos en la yerba
y espanto a las avispas,

es lo mismo viajar o recostarme,

me basta fumar cigarros negros,
rascarme las rodillas y aplastar
alguna rama seca,

tendido bajo el sol no me preocupan
ni moscas ni alacranes.

SITTING IN MY GARDEN

Sitting down in the grass, I tie my shoes
and shoo off the wasps.
It's all the same, resting or travelling.

Enough to smoke black cigarettes,
to scratch my knee and crumble
some dry sticks into pieces.

Stretched out beneath the sun
nothing worries me,
neither the flies nor the scorpions.

(D.T.)

TARMA

El sol en las paredes, los tejados
meciéndose entre ramas,
la retama enredada en mi camisa,
mirlos en mis zapatos,
altas calles empedradas de eucaliptos
llegan hasta los cerros,
y sin embargo
las moscas y los muertos
no necesitan
higueras o retamas, ni esta sombra
de sauces apretados.

TARMA

Sun on the walls, the roofs
swaying between branches,
the gorse tangled in my shirt,
blackbirds in my shoes,
cobbled streets of eucalyptus
climbing towards the hills
and yet
the flies and the dead
need neither
fig-trees nor gorse, nor the shade
of the clustered willows.

(M.A. & D.T.)

DESCRIPCION DE PLAZA, MONUMENTO Y ALEGORIAS EN BRONCE

El caballo, un libertador
de verde bronce y blanco
por los pájaros.
Tres gordas muchachas:
Patria, Libertad
y un poco recostada
la Justicia. Junto al rabo
del caballo: Soberanía,
Fraternidad, Buenas Costumbres
(gran barriga y laureles
abiertos en sus manos).
Modestia y Caridad
refriegan ramas
sobre el libertador,
envuelto en la bandera
verde y blanca.
Bancas de palo, geranios, otras muchachas
(su pelo blanco y verde): Esperanza,
Belleza, Castidad,
al fondo Primavera, ficus agusanados,
Democracia. Casi a diario
también, guardias de asalto:
negros garrotes, cascos verdes
o blancos por los pájaros.

DESCRIPTION OF A PLAZA, A MONUMENT AND ALLEGORIES IN BRONZE

The horse, a liberator
of green bronze whitened
by birdshit.
Three fat girls:
Country, Liberty
and a little tilted,
Justice. Next to
the horse's ass: Sovereignty,
Fraternity and Prudence
(a big belly and laurel-wreaths
open in her hands).
Modesty and Charity
fanning the liberator—
wrapped in his flag
of green and white—
with leafy branches.
Archangels
with cornucopias. A plaque
with the name of the dead man,
the mayor in office,
the signatures of the sponsors,
the battles, the president
and the bishops. Paths
with railings and steps
for the use of beggars,
rusted almost daily by the dogs.
Wooden benches, geraniums, other girls
(their hair green and white): Hope,
Beauty and Chastity,
and at the back, Spring,
worm-eaten fig-trees,
Democracy. Almost daily too,
assault-troops,
black truncheons, green helmets
sometimes whitened by birdshit.

(D.T.)

HEROE DE NUESTROS DIAS *(Javier Heraud)*

Tener un héroe entre la casa,
es como si una noche
por buscar nuestros zapatos bajo el lecho
tocásemos un cuerpo limpio y fuerte, con el cabello
recién cortado. Acostumbrarnos a su presencia
es molesto al principio, pero el resto
de los días nos da sombra, y sólo puede
entristecernos no haber fortalecido
nuestros brazos a tiempo, ni saber
dónde ensayaba sus amables canciones.

JAVIER HERAUD

He was six feet tall. His hands
strong as the branches of a fig-tree.
Grey-suited, and in winter
a jumper for the cold
or the leaves fluttering about
since the previous fall.
As for his eyes, I'll tell you
they were full
of cities (I don't write
these things because he's dead.
In fact, they were sunk
into his face,
too brown and deep).
Now I can only search
for something similar
to our brother
in the damp earth along the river.
His body has changed skins and colours
during these hard months.

Translator's note: Javier Heraud was a young Peruvian poet who studied in Cuba
and re-entered Peru illegally in 1963. He was shot as a guerrilla by the police
while crossing the Madre de Dios River in south-east Peru.

(M.A., D.T. & W.R.)

PART II

Water That's Not For Drinking

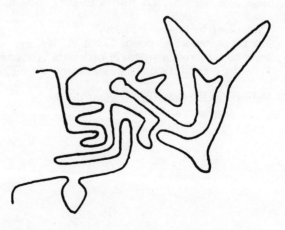

I

no hay frase o palabra de este poema que me
pertenezcan. simplemente he ordenado, según mis
sospechas, algunas cosas sacadas de Coyné,
Monguió, Clemente Palma, el acta de bautismo,
Espejo Asturrizaga. lo que va entre comillas son
fragmentos de cartas de Vallejo.

En la santa iglesia parroquial de Santiago de Chuco,
a los diez y nueve días del mes de Mayo de mil ochocientos no-
    ventidós.
Yo el cura compañero bauticé, exorcisé,
puse óleo y crisma según el orden de Nuestra Santa Madre Iglesia
a un niño de sexo masculino, de dos meses
a quien nombré César Abraham.
César Vallejo, un hombre a quien le faltaba un tornillo.
Hijo legítimo de Francisco de P. Vallejo
y de María de los Santos Mendoza
                            naturales y vecinos de ésta.
Señor C.A.V.
            Trujillo.
                        Cementerio de Montrouge:
Nos envía usted un soneto titulado *El poeta a su amada,*
hasta el momento de tirar al canasto su mamarracho
no tenemos otra idea
sino la de deshonra de la colectividad trujillana.
Clemente Palma,
                el cura compañero.
                            "Después
hacia la playa de la Magdalena
                        en auto
                            y a 75 de velocidad.
Allá a la derecha, La Punta muestra sus luces.
                            Y a la izquierda,
Chorrillos brillante y lejano".
En Lima conocí al poeta César A. Vallejo,
puse óleo y crisma según el orden de Nuestra Santa Madre Iglesia,
y hasta escribí algunas palabras en su elogio:
                            Vallejo es un poeta
Bebía Valdelomar un cocktail de moda
                        en el Palais Concert,

IN DEFENSE OF CESAR VALLEJO
AND THE YOUNG POETS

no phrase or word of this poem is my own, I have
simply re-arranged a few items taken from Coyne,
Monguió, Clemente Palma, the certificate of baptism,
Espejo Asturrizaga according to my own conjecture.
Whatever appears in quotation marks are fragments
taken from Vallejo's letters.

In the parish church of Santiago de Chuco,
on the nineteenth day of May in the year one thousand eight-
    hundred and ninety-two,
I the parish priest baptised, exorcised
and annointed with oil and chrism as prescribed by our Holy
    Mother the Church
a male child of two months of age
whom I christened César Abraham.
César Vallejo, a man with a screw loose.
Legitimate son of Francisco de P. Vallejo
and María de los Santos Mendoza
                  natives and burghers of this city.
Señor C.A.V.
        Trujillo.
                The cemetery of Montrouge:
The sonnet which you sent us entitled *The poet to his beloved*,
a ridiculous piece of claptrap, has this very moment been thrown
    into the wastepaper basket
the only thing that occurred to us
was the dishonor it brings to the community of Trujillo.
Clemente Palma,
            the parish priest.
                   "Afterwards
in the direction of the beach at Magdalena
                  by car
                        at a speed of 75.
On the right were the lights of La Punta.
                    And on the left,
Chorrillos brilliant and distant."
In Lima I met the poet César Vallejo,
annointed with oil and chrism as proscribed by our Holy Mother
    the Church,
and I even wrote a few words in praise of him:
                    Vallejo is a poet.
Valdelomar was drinking some fashionable cocktail
                  at the Palais Concert

de pronto se le acercó un amigo
para presentarle
                    a cierto
                         joven
                              notable
                                   poeta,
hizo al recién llegado las atenciones que fue menester,
tendiéndole la mano le dijo:
Ahora ya puede decir en Trujillo que ha estrechado usted la mano
     de Abraham Valdelomar.
                              Yo
bauticé, exorcisé a un niño de sexo masculino
                    a quien nombré César Abraham,
                    a quien le faltaba un tornillo,
                                   pedantería,
                                   mayor solemnidad,
                                   retórica,
                         las mentiras y las convenciones
                              de los hombres que nos preceden.
"El libro ha nacido en el mayor vacío.
                                   Soy responsable de él.
Asumo toda la responsabilidad de su estética".
Y es un genio,
               un adefesio,
                         una gaita,
una ocarina,
          un acordeón,
                    "Hoy más que nunca,
siento gravitar sobre mí, una hasta ahora desconocida obligación
de hombre y de artista.
                    La de ser libre".
Desconcertó a la crítica oficial.
                         Se dice poeta,
es un poeta,
          es un gran poeta,
                    en primera línea,
sus poemas lo harán más grande que Rubén Darío,
es como cuando usted se echa un chicle a la boca.
La crítica oficial.
                    "La de ser libre.
Si no he de ser libre hoy no lo seré jamás".
Es un novicio casi, pero en él
se apunta una preciosa promesa.

when suddenly a friend approached him
to introduce
                a certain
                        young
                                remarkable
                                        poet,
he greeted the newcomer as was his due,
stretching out his hand he said:
Now you can say in Trujillo that you've shaken the hand of
        Abraham Valdelomar.
                                I
baptized, exorcized a male child
                        whom I christened César Abraham,
                who had a screw loose,
                                pedantry,
                                grave solemnity,
                                rhetoric,
                                the lies and conventions
                                of those who precede us.
"The book has been launched into a huge void.
                        I am responsible for it.
I assume all responsibility for its esthetic."
He's a genius,
                a fool,
                        a bagpipe,
an ocarina,
                an accordion.
                                "Today more than ever
I feel the weight of the hitherto unknown obligation
of a man and an artist.
                        To be free."
It disconcerted official criticism.
                                He calls himself a poet,
he is a poet,
                a great poet,
                        of the first rank,
his poems will make him greater than Ruben Darío,
it's like when you pop a piece of chewing-gum into your mouth.
Official criticism.
                        "To be free.
If I'm not free today I never shall be."
He's practically a beginner, but he
shows considerable promise.

Cierto
joven
notable
poeta
trujillano
mereció una ovación.
Versos sonoros
    de fibra
        policromos
           y de un lirismo rotundo,
llenos de talento
    de fervor lírico
        y de un lirismo rotundo.
Este positivo valor de la literatura nacional que,
           como aquí,
ha sabido triunfar en la babilónica Ciudad Luz.
           ¡Grandes sorpresas!
Por nuestra parte:
    Simpatía.
      Y simpatía.

* *Los textos pertenecen a Coyné, Monguió, Clemente Palma, Espejo Asturrizaga, el Acta de Bautismo y —entre comillas— a una carta de Vallejo. Sólo el collage es mío.*

A certain
young
remarkable
Trujillan
poet
merited an ovation.
Sonorous lines
           an iridescent
                    mosaic
                         full of lyricism,
full of talent
          of lyric fervour
                    full of lyricism.
This significant contribution to our national literature
                    who just as he has here
has tasted triumph in the Babylonian City of Light.
                              Great astonishment!
And as for us:
          Simpatía.
               Y simpatía.

(M.A. & D.T.)

POEMA SOBRE LA MORAL Y
EL PROVECHO DE LOS VIAJES

Para Héctor Béjar

Los antiguos —y pienso en los de 1964— podían hacerse al agua
aún cuando los temporales destruían las algas, los cangrejos,
los pájaros marinos durante muchos kilómetros de la costa:
untaban con buen sebo la proa y sin confundir
los roquedales con el mar, fueron sus viajes apenas juzgados
por los vientos, por el dinero, por las constelaciones.
Y así navegaban sin vínculo aparente con su mujer o pueblo.

Y he aquí que el tiempo ha entorpecido nuestro viaje.
Ellos —los antiguos— buscaron ser gentes de provecho
o sabios o amantes sudamericanos y decían
"no quiero regresar a esta mierda" —y ya muchos han vuelto.
Ahora, los cadáveres y los recién nacidos —más duros,
más pesados cada vez— vigilan las carreteras que llegan
hasta los espigones, y extienden sus orejas.
Y he aquí que nuestra era es diferente. Y los muelles
y las aguas y los trabajos no son buenos ni limpios.
Hemos aceptado que los muertos recuerden nuestra edad.

Y este planeta duro y redondo como un queso es otra cosa
a cada mediodía, y las bestias y los hombres y los campos
no desayunan jamás con el pellejo que llevaron a la cama,
y antes del almuerzo llevarán otro. Y sin embargo
todavía engordamos según los viejos usos.
¡Ah 22 años diferentes a esos 22 en la moneda antigua!

A POEM ON MORALS AND
THE BENEFITS OF TRAVEL
for Héctor Béjar

The ancients—and I'm thinking of those of 1964—could put out to
    sea
even when storms destroyed the seaweed, the crabs
and the birds for many miles along the coast:
they could smear the prow with good grease and never mistaking
the rocks for the sea, their voyages were scarcely marked
by the winds, money or the constellations.
So they navigated without any apparent ties to wife or nation.

But now time has obstructed our voyage.
Those others—the ancients—tried to be men of achievement
or wisemen or South American lovers and used to say
"I don't want to go back to that shit"—but already many have
    returned.
Now the corpses and the newborn—harder
and heavier all the time—watch the highways that reach
the breakwater and keep their ears open.
And so our era is different. And the wharves
and the waters and the jobs are neither clean nor good.
We have accepted that the dead remember our age.

And this planet as hard and round as a cheese is something else
every noon and the beasts and the men and the fields
never have breakfast with the same skin they took to bed
and before lunch they'll wear another. Nevertheless
we still grow fat according to the old customs.
Ah 22 years so different to those 22 on ancient coinage.

(M.A. & D.T.)

TERCER MOVIMIENTO (AFFETUOSSO)
CONTRA LA FLOR DE LA CANELA

Para hacer el amor
debe evitarse un sol muy fuerte sobre los ojos de la muchacha,
tampoco es buena la sombra si el lomo del amante se achicharra
para hacer el amor
Los pastos húmedos son mejores que los pastos amarillos
pero la arena gruesa es mejor todavía.
Ni junto a las colinas porque el suelo es rocoso ni cerca de las aguas.
Poco reino es la cama para este buen amor.
Limpios los cuerpos han de ser como una gran pradera:
que ningún valle o monte quede oculto y los amantes
podrán holgarse en todos sus caminos.
La oscuridad no guarda el buen amor.
El cielo debe ser azul y amable, limpio y redondo como un techo
y entonces
la muchacha no verá el Dedo de Dios.
Los cuerpos discretos pero nunca en reposo,
los pulmones abiertos,
las frases cortas.
Es difícil hacer el amor pero se aprende.

THIRD MOVEMENT (AFFETTUOSSO)
AGAINST THE CINNAMON FLOWER

To make love
strong sunlight in the girl's eyes should be avoided,
shade isn't much good either if the lover's shoulders are getting
    scorched
while making love.
Fresh grass is better than yellowed grass
but thick sand is better still.
Neither near hills because the ground is stoney nor near the waves.
A bed is scarcely terrain for good love either.
Bodies should be as clean as a large meadow
so that no hill or valley remains hidden and the lovers
can enjoy themselves in all its paths.
Darkness doesn't sustain good love.
The sky must be blue and pleasant, clean and round like a dome
and then
the girl will not observe the Finger of God.
Bodies decorous but never at rest,
lungs open
the words brief.
It's difficult to make love but it can be learnt.

(M.A. & D.T.)

> *"airosa caminaba*
> *la flor de la canela".*
>
> (*Chabuca Granda*)

> *"entonces la princesa arrojó la pelota a una*
> *de sus doncellas, pero ésta fue mal dirigida y*
> *cayó al río profundo. Y todas lanzaron gritos*
> *ruidosos, y Odiseo se despertó".*
>
> (*Homero*)

Una lo quiso recoger en un frasco amarillo y ofrecerlo a sus dioses, otra
conservarlo cerca de su lecho hasta que fuese mayor.

No es común hallar un cuerpo tirado en la playa y muerto, y a su alrededor
el griterío de muchachas desbocándose alegres y curiosas por el largo varón
inofensivo sin vellos llegado desde el mar.
He aquí la carne libre y remojada, la que insista en acercarse ha de perder su honra
y no podrá obtener marido hasta pasadas tres generaciones —si es que hace fortuna.

Nausicaa, Helena'e Troya, Cuki Duarte, al cine —no a la cama— en las últimas sillas:
Bergman, Godard, Visconti —en las de guerra no. "No. Bueno ya, sólo las tetitas"
El Laurel se dará en Himeneo.

NATIONAL SEXOLOGY

> *airosa caminaba*
> *la flor de la canela*
>
> (Chabuca Granda)

> *Then the princess threw the*
> *ball to one of her maids, but it*
> *was badly aimed and fell into*
> *a deep river. And they all*
> *uttered loud cries, and*
> *Odysseus awoke.*
>
> (Homer)

One of the girls wanted to put it in a yellow jar and offer it to her
    gods,
another to keep it near her bed until she was older.

It's unusual to find a body thrown up on the beach, dead,
and some girls screeching and chattering happily around it, curious
about this long, innocuous and hairless man tossed up from the
    sea.
Look at its loose and sodden flesh, the girl who comes near it will
    lose her honor
and not find a husband for three generations—then only if she
    strikes lucky.

Nausica, Helen of Troy, Cuki Duarte, at the cinema—not in bed—in
    the back row:
Bergman, Godard, Visconti—but not during war-films. "No, all right
    then, only the tits."
The Laurel is given at marriage.

(D.T.)

I. *LAS CALAVERAS EN EL AEROPUERTO DE AYACUCHO*

"No te acerques,
la sífilis se oculta entre los cráneos
desde el siglo noveno, era cristiana".

(Las calaveras en el aeropuerto
tienen los huesos lisos y amarillos.
Sin olor ni peso, son apenas
la mandíbula empolvada
por los grandes aviones cuando levantan vuelo.
Aquí —no más lejos de la Gran Nariz—
padecieron cópulas diversas,
hambre, negocio y sed, y finalmente
murieron todos, hasta desordenarse
sobre este gran país que no es el mío).

THE SKULLS IN AYACUCHO AIRPORT

"Keep away,
syphilis has been lurking in these skulls
since the ninth century A.D."

(These death's heads in the airport
have smooth and yellow bones.
Odorless, without weight,
their jaws are scarcely dusted
by the huge planes taking off.
Here—no further from the Great Nose—
they suffered various couplings,
hunger, commerce and thirst, and finally
all died, scattered
over this country which is not mine.

(M.A. & D.T.)

II. *SOBRE UNA GRAN TELA PINTADA DE PARACAS*

Y los alegres demonios tenían muchas manos, las necesarias
para llevar como dedos el rostro de los muertos y reían
con sus blancos dientes de león, con sus dientes marrones,
y eran sus caminos las perfectas culebras: marrón la pepa
y la cáscara blanca, la cáscara marrón, la pepa blanca,
y los enemigos muertos en la sombra y en la luz,
y los demonios oscuros - alegres, alegres - luminosos,
y los más altos: colmillos en los ojos y en los pies
blancos, en los pies marrones, y danzaban
qué lejos de mi sangre.

ON A LARGE PAINTED CLOTH FROM PARACAS

And the gay demons had many hands, enough
to wear the face of the dead like fingers and they laughed
with their white lion's teeth, and their brown teeth,
and perfect snakes were their tracks: brown pip
and white peel, brown peel and the pip white,
and in the shadow and the light dead enemies,
and the dark-gay, the gay-bright demons
and the tallest ones: fangs in their eyes and in the white
feet and in the brown feet, and how far from my blood
their dance.

(W.R.)

PART III

Ceremonial Song Against an Anteater

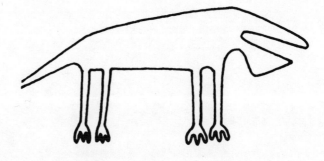

II ANIMALES DOMESTICOS

POEMA SOBRE JONAS Y LOS DESALIENADOS

Para Ricardo Luna

Si los hombres viven en la barriga de una ballena
sólo pueden sentir frío y hablar
de las manadas periódicas de peces y de murallas
oscuras como una boca abierta y de manadas
periódicas de peces y de murallas
oscuras como una boca abierta y sentir mucho frío.
Pero si los hombres no quieren hablar siempre de lo mismo
tratarán de construir un periscopio para saber
cómo se desordenan las islas y el mar
y las demás ballenas —si es que existe todo eso.
Y el aparato ha de fabricarse con las cosas
que tenemos a la mano y entonces se producen
las molestias, por ejemplo
si a nuestra casa le arrancamos una costilla
perderemos para siempre su amistad
y si el hígado o las barbas es capaz de matarnos.
Y estoy por creer que vivo en la barriga de alguna ballena
con mi mujer y Diego y todos mis abuelos.

DOMESTIC ANIMALS

> ... *"whom I call my domestic enemies to distinguish them from technical or idealogical enemies. They're the hardest to fight because they live and die with oneself..."*

(Charles Nicholson)

POEM ON JONAH AND THE DISALIENATED

If men live in the belly of a whale
they can only feel cold and talk
about the periodical shoals of fish and dark
walls like an open mouth and periodical
shoals of fish and dark
walls like an open mouth and feel very cold.
But if men don't want to be always talking about the same things
they'll try to build a periscope so as to know
how the islands and the sea and the other whales
fall into chaos—if it's true that all this exists.
And the apparatus must be put together from things
we have at hand and then the trouble
begins, e.g.
if we pull out a rib from our house,
we'll lose its friendship for good
and if the liver or the beard it's capable of killing us.
And I'm inclined to believe that I live in the belly of some whale
with my wife and Diego and all my grandparents.

(W.R.)

APENDICE DEL POEMA SOBRE JONAS Y LOS DESALIENADOS

Y hallándome en días tan difíciles decidí alimentar
a la ballena que entonces me albergaba:
tuve jornadas que excedían en mucho a las 12 horas
y mis sueños fueron oficios rigurosos, mi fatiga
engordaba como el vientre de la ballena:
qué trabajo dar caza a los animales más robustos,
desplumarlos de todas sus escamas y una vez abiertos
arrancarles la hiel y el espinazo,
                                        y mi casa engordaba.

(Fue la última vez que estuve duro: insulté a la ballena,
recogí mis escasas pertenencias para buscar
alguna habitación en otras aguas, y ya me aprestaba
a construir un periscopio
cuando en el techo vi hincharse como 2 soles sus pulmones
—iguales a los nuestros
pero estirados sobre el horizonte—, sus omóplatos
remaban contra todos los vientos,
                                        y yo solo,
con mi camisa azul marino en una gran pradera
donde podían abalearme desde cualquier ventana: yo el conejo,
y los perros veloces atrás, y ningún agujero).
Y hallándome en días tan difíciles
me acomodé entre las zonas más blandas y apestosas de la ballena.

APPENDIX TO THE POEM ON JONAH
AND THE DISALIENATED

And finding myself in such difficult times I decided to feed
the whale that was housing me:
there were days when I worked for well over 12 hours
and my dreams were strict assignments, my weariness
grew fat like the whale's belly:
what a job to hunt the toughest animals,
strip off all their scales, open them
and rip out the gall and the backbone
                                    and my house grew fat.

(That was the last time I was tough: I insulted the whale,
grabbed my few belongings to go and look for
some home in other waters, and was just getting ready
to build a periscope
when there on the roof I saw swell up like 2 suns its lungs
—just like ours
only spread out over the horizon—its shoulder blades
were rowing against all the winds,
                                    and myself alone
with my sea-blue shirt in a big field
where they could shoot at me from any window: I the rabbit,
and the swift dogs behind, and not one hole).

And finding myself in such difficult times
I settled into the softest and most pestilent regions of the whale.

(W.R.)

ENTRE LOS CANGREJOS MUERTOS HA MUCHOS DIAS

Mi cama tiene 5 kilómetros de ancho —o de largo— y de largo
—o de ancho, depende si me tumbo con los pies
hacia las colinas o hacia el mar— unos 14.
Iba a seguir "ahora estoy desnudo" y no es verdad,
llevo un traje de baño, de los viejos, con la hebilla oxidada.
Y cuando el lomo de la arena se enfría bajo el mío
ruedo hacia el costado
donde la arena es blanda y caliente todavía, y otra vez
sobre mi largo pellejo rueda el sol.

AMONGST THE DEAD CRABS MANY DAYS AGO

My bed's 5 miles wide—or long—and some 14 long
—or wide—it depends whether I stretch out my feet
towards the hills or the sea.
I was going to continue "now I'm naked" but it's not true,
I'm wearing an old style bathing suit, with a rusty buckle.
And when the sand's back grows cold under mine
I roll to the side
where the sand is soft and still warm, and once again
the sun circles over my long hide.

(W.R.)

SOY EL FAVORITO DE MIS 4 ABUELOS

Si estiro mi metro ochentaitantos en algún hormiguero
y dejo que los animalitos construyan una ciudad sobre mi barriga
puedo permanecer varias horas en ese estado y corretear
por el centro de los túneles y ser un buen animalito,
lo mismo ocurre si me entierro en la pepa de algún melocotón
habitado por rápidas lombrices. Pero he de sentarme a la mesa
y comer cuando el sol esté encima de todo: hablarán conmigo
mis 4 abuelos y sus 45 descendientes y mi mujer, y yo debo
olvidar que soy un buen animalito antes y después de las comidas
y siempre.

I'M THE FAVORITE OF MY 4 GRANDPARENTS

If I stretch out my six feet or so on some anthill
and let the little animals build a city on my belly
I can stay that way for several hours and scurry
through the tunnels and be a good little animal,
it's the same if I bury myself in the stone of some peach
inhabited by quick maggots. But I have to sit at table
and eat when the sun's on everything: my 4 grandparents
and their 45 descendants and my wife'll talk to me, and I've got to
forget that I'm a good little animal before and after meals
and always.

(W.R.)

Y ME ALEJARE UNOS TREINTA KILOMETROS HACIA LA COSTA

Y me alejaré unos treinta kilómetrose hacia la costa,
donde un día vi cómo las yerbas altas y oscuras
llegaban hasta el mar, y sólo
esos pastos tocándome las orejas serán mi alegría,
y esas aguas que no exigen rigores
serán mi bien:
tenderse apenas en la arena mojada, sin zapatos,
y cerrar el corazón, cerrar los ojos,
como los caracoles marinos, los duros,
los más enrojecidos.

I'M GETTING OUT
AND GOING SOME THIRTY KILOMETRES
TOWARDS THE COAST

I'm getting out
and going some thirty kilometres towards the coast
where one day I saw tall dark grass
reaching to the sea, and my only joy
will be that grass brushing my ears,
my only comfort those easy waters:
I'll just stretch out on the wet sand, shoeless,
close my eyes, and shut my heart
like the saltwater snails,
the hard red ones.

(M.A. & D.T.)

LA ARAÑA CUELGA DEMASIADO LEJOS DE LA TIERRA

La araña cuelga demasiado lejos de la tierra,
tiene ocho patas peludas y rápidas como las mías
y tiene mal humor y puede ser grosera como yo
y tiene un sexo y una hembra —o macho, es difícil
saberlo en las arañas— y dos o tres amigos,
desde hace algunos años
almuerza todo lo que se enreda entre su tela
y su apetito es casi como el mío, aunque yo pelo
los animales antes de morderlos y soy desordenado,
la araña cuelga demasiado lejos de la tierra
y ha de morir en su redonda casa de saliva,
y yo cuelgo demasiado lejos de la tierra
pero eso me preocupa: quisiera caminar alegremente
unos cuantos kilómetros sobre los gordos pastos
antes de que me entierren,
                    y esa será mi habilidad.

THE SPIDER HANGS TOO FAR
FROM THE GROUND

The spider hangs too far from the ground,
has eight legs, hairy and quick like mine
and a bad temper and can be foul-mouthed like me
and has a sex and a female—or male, it's difficult
to tell with spiders—and two or three friends,
for some years now
it has dined on anything enmeshed in its web
and its appetite is almost like mine, though I
skin animals before biting them and am untidy,
the spider hangs too far from the ground
and must die in its circular home of saliva,
and I hang too far from the ground
but that has me worried: I'd like to walk joyfully
for a few miles over the fat pastures
before they bury me,
                        and that'll be my achievement.

(W.R.)

KARL MARX, DIED 1883 AGED 65

Todavía estoy a tiempo de recordar la casa de mi tía abuela y ese
    par de grabados:
"Un caballero en la casa del sastre", "Gran desfile militar en Vie-
    na, 1902".
Días en que ya nada malo podía ocurrir. Todos llevaban su pata
    de conejo atada a la cintura.
También mi tía abuela —20 años y el sombrero de paja bajo el sol,
    preocupándose apenas
por mantener la boca, las piernas bien cerradas.
Eran los hombres de buena voluntad y las orejas limpias.
Sólo en el music-hall los anarquistas, locos barbados y envueltos
    en bufandas.
Qué otoños, qué veranos.
Eiffel hizo una torre que decía "hasta aquí llegó el hombre". Otro
    grabado:
"Virtud y amor y celo protegiendo a las buenas familias".
Y eso que el viejo Marx aún no cumplía los 20 años de edad bajo
    esta yerba
—gorda y erizada, conveniente a los campos de golf.
Las coronas de flores y el cajón tuvieron tres descansos al pie de
    la colina
y después fue enterrado
junto a la tumba de Molly Redgrove "bombardeada por el enemigo
    en 1940 y vuelta a construir".
Ah el viejo Karl moliendo y derritiendo en la marmita los diversos
    metales
mientras sus hijos saltaban de las torres de Spiegel a las islas de
    Times
y su mujer hervía las cebollas y la cosa no iba y después sí y en-
    tonces
vino lo de Plaza Vendôme y eso de Lenin y el montón de revueltas
    y entonces
las damas temieron algo más que una mano en las nalgas y los caba-
    lleros pudieron sospechar
que la locomotora a vapor ya no era más el rostro de la felicidad
    universal.

"Así fue, y estoy en deuda contigo, viejo aguafiestas".

KARL MARX, DIED 1883 AGED 65

I can still remember my great aunt's old house and that pair of
    etchings:
"A gentleman at the tailor's," "Great military parade in Vienna,
    1902."
Days when nothing bad could happen. Everyone carried a rabbit's
    foot tied to their belts.
My great aunt too—20 years old in a straw hat for the sun scarcely
    worrying about more
than keeping her mouth shut and her legs closed.
The men were of goodwill and kept their noses clean.
Anarchists could only be found in the music-halls, crazy and beard-
    ed, wrapped in scarves.
What summers! What autumns!
Eiffel built a tower that said: "man has reached this height."
    Another etching:
"Virtue, Love and Zeal protecting decent families."
And yet it was less than 20 years since old Marx had been put six
    feet under grass—tough and stiff, fit for a golf-course.
The wreaths and coffin rested three times at the foot of the hill
and then he was buried
next to the tomb of Molly Redgrove "bombed by the enemy in 1940
    and rebuilt."
And old Karl melting and grinding different metals in the pot
while his children jumped from the towers of Der Speigel to the
    islands of The Times
and his wife boiled onions and things didn't go well and later they
    did
and then came the Place Vendôme and Lenin and a whole lot of
    revolts then
the ladies were scared of more than a pat on the ass and
    gentlemen suspected
that the steam engine was no longer the symbol of universal
    happiness.

"That's the way it was and I'm in your debt, old spoilsport."

(M.A. & D.T.)

CANTO CEREMONIAL CONTRA UN OSO HORMIGUERO

Aún te veo en la Plaza San Martín
dos manos de abadesa
y la barriga
          abundante
          blanda
          desparramada como un ramo de flores baratas
olfateas el aire
escarbas algo
entre tus galerías y cavernas oxidadas
                        caminas
aún te veo
                        caminas
más indefenso que una gorda desnuda entre los faunos
más gordo
más alado
y ya aprestas las doce legiones de tu lengua
                    granero de ortigas
                    manada de alacranes
                    bosque de ratas veloces
                          rojas
                          peludas
el gran mar de las babas
oh tu lengua
cómo ondea por toda la ciudad
torre de babel que se desploma
                sobre el primer incauto
                sobre el segundo
                sobre el tercero
torre de babel
tú
que en 1900 fuiste lavado por tu madre en el mar de La Punta
despacio
muy despacio
sin descuidar las ingles
          las orejas
          el trasero
          las plantas de los pies
tú
que dormiste entre los muslos de tu abuela para no sentir frío
mientras los muchachos
los otros
hacían el amor con las muchachas
puedo ver tu gran lengua

CEREMONIAL SONG AGAINST AN ANTEATER

I can still see you in Plaza San Martín
hands like an abbess's
and your paunch
            abundant
            flabby
            spilt out like a bunch of cheap flowers
you sniff at the air
scratch a bit
in your galleries and rusty caverns
                       you walk
I can still see you
                       you walk
more defenseless than a naked woman among fauns
fatter
giddier
preparing the twelve legions of your tongue
            storehouse of nettles
            swarm of scorpions
            forest of quick
            red
            hairy rats

the great sea of slobber
your tongue
how it snakes through the whole city
tower of babel that spills
                onto the first unwary man
                and the second
                and the third
tower of babel
in 1900
your mother washed you clean in the sea at La Punta
slowly
very slowly
not to miss
        the crotch
        the ears
        the ass
        the soles of the feet
and you slept between your grandmother's thighs so as not to feel
    the cold
while the boys
the others
made it with the girls
I can see your big tongue

                    ay sin madre
                    ay sin abuela
tu gran lengua después de una jornada
                                        jadeante
                                        horizontal
                                        un poco blanda
tu gran lengua en la cama
con vírgenes y arcángeles
                        de lata
oh tu lengua en reposo
                    y aún se reproduce
                                        despacio
                                              muv despacio
                    y todavía engorda
oh comediante de los almuerzos de señoras
oh vieja bailarina
oh torre de babel en la gran cama
maltrecha ya
por los combates fieros de tu hermano
                                    capitán ballestero de Sodoma
                                    príncipe de Gomorra
                                    flor de Lesbos
Y ahora
            no más tu madre
            no más tu abuela
            no más tu arcángel de la guarda
y ahora
            océano de las babas
            vieja abadesa
escucha
escucha mi canto
escucha mi tambor
                no dances más.

                    oh orphaned of mother
                    orphaned of grandmother
your big tongue after the day's work
                                        panting
                                        horizontal
                                        suave
your big tongue in bed
with virgins and archangels
                    of tin
your tongue at rest
                    and still breeding
                                        slowly
                                        very slowly
                    and still growing fat
oh comedian of the ladies' lunch parties
oh senile dancing-girl
oh tower of babel in the great bed
battered now
by those fierce combats of your brother
                                        chief crossbowman of
                                        Sodom
                                        prince of Gomorrah
                                        flower of Lesbos
And now
        without your mother
        without your grandmother
        without your guardian archangel
and now
        ocean of slobber
        ageing abbess
listen
listen to my song
listen to my drum
                    dance no more.

(W.R.)

CRONICA DE LIMA

Para calmar la duda
que tormentosa crece
acuérdate Hermelinda,
acuérdate de mí.
("Hermelinda", vals)

Para Raúl Vargas

Aquí están descritos mi nacimiento y matrimonio, y el día de la
   muerte del abuelo Cisneros, del abuelo Campoy.
Aquí están escritos mi nacimiento y matrimonio, y el día de la
Todos los techos y monumentos recuerdan mis batallas contra el
   Rey de los Enanos y los perros
celebran con sus usos la memoria de mis remordimientos.
                                        Yo también
harto fui con los vinos innobles sin asomo de vergüenza o de pudor,
   maestro fui
en el Ceremonial de las Frituras.
                        Oh ciudad
guardada por los cráneos y maneras de los reyes que fueron
los más torpes —y feos— de su tiempo.
                        Que se ganó o perdió entre estas aguas.
Trato de recordar los nombres de los Héroes, de los Grandes Trai-
   dores.
Acuérdate, Hermelinda, acuérdate de mí.

Las mañanas son un poco más frías,
pero nunca tendrás la certeza de una nueva estación
—hace casi tres siglos se talaron los bosques y los pastos
fueron muertos por fuego.
                        El mar está muy cerca, Hermelinda,
pero nunca tendrás la certeza de sus aguas revueltas, su presencia
habrás de conocerla en el óxido de todas las ventanas,
en los mástiles rotos,
en las ruedas inmóviles
en el aire color rojo-ladrillo.
                        Y el mar está muy cerca.
El horizonte es blando y estirado.
                        Piensa en el mundo
como una media esfera —media naranja, por ejemplo— sobre 4
   elefantes,
sobre las 4 columnas de Vulcano.
                        Y lo demás es niebla.
Una corona blanca y peluda te protege del espacio exterior.
Has de ver
            4 casas del siglo XIX,
            9 templos de los siglos XVI, XVII, XVIII.
            Por dos soles 50, también, una caverna

CHRONICLE OF LIMA

"To allay the doubt
that grows tempestuously,
remember me, Hermelinda,
remember me."

("Hermelinda," popular Peruvian song)

Here are recorded my birth and marriage, the death
of grandfather Cisneros and grandfather Campoy.
Here too is recorded the best of my works, a boy and beautiful.
All the roofs and monuments remember my battles against the
    King of the Dwarfs and the dogs
in their fashion celebrate the memory of my remorse.
                      I was also
fed up with the base wines and without a trace of shame or
    modesty was master
of the Ceremony of the Frying.
              Oh city
maintained by the skulls and customs of kings who were
the dullest and ugliest of their time.
        What was lost or gained between these waters?
I try to remember the names of the heroes, of the great traitors.
Remember me, Hermelinda, remember me.

The mornings are a little colder,
but you'll never be certain of the seasons
—it's almost three centuries since they chopped down the woods
and the fields were destroyed by fire.
           The sea's close, Hermelinda,
but you can never be sure of its rough waters, its presence
save for the rust on the windows,
the broken masts,
immobile wheels
and the brick-red air.
        But the sea's very close
and the horizon extended and suave.
          Think of the world
as a half-sphere—half-an-orange, for example—on 4 elephants,
on the 4 columns of Vulcan,
          and the rest is fog.
A white furry veil protects you from the open sky.
You should see
      4 19th century houses,
      9 churches from the 16th, 17th, and 18th centuries,
      for 2½ *soles*, a catacomb too

donde los nobles obispos y señores —sus esposas, sus hijos—
dejaron el pellejo.
                    Los franciscanos —según te dirá el guía—
inspirados en algún oratorio de Roma convirtieron
las robustas costillas en dalias, margaritas, no-me-olvides
—acuérdate, Hermelinda— y en arcos florentinos las tibias y los
    cráneos.
(Y el bosque de automóviles como un reptil sin sexo y sin especie
    conocida
bajo el semáforo rojo).
                    Hay, además, un río.
Pregunta por el Río, te dirán que ese año se ha secado. Alaba sus
    aguas venideras, guárdales fe.
Sobre las colinas de arena
los Bárbaros del Sur y del Oriente han construído
un campamento más grande que toda la ciudad, y tienen otros
    dioses.
(Concierta alguna alianza conveniente).
Este aire —te dirán—
tiene la propiedad de tornar rojo y ruinoso cualquier objeto al más
    breve contacto.
Así,
tus deseos, tus empresas
                    serán una aguja oxidada
antes de que terminen de asomar los pelos, la cabeza.
Y esa mutación —acuérdate, Hermelinda— no depende de ninguna
    voluntad.
El mar se revuelve en los canales del aire,
el mar se revuelve,
es el aire.
                    No lo podrás ver.
Mas yo estuve en los muelles de Barranco
escogiendo piedras chatas y redondas para tirar al agua.
Y tuve una muchacha de piernas muy delgadas. Y un oficio.
Y esta memoria —flexible como un puente de barcas— que me
    amarra
a las cosas que hice
y a las infinitas cosas que no hice,
a mi buena o mala leche, a mis olvidos.
                    Que se ganó o perdió entre
    estas aguas.
Acuérdate Hermelinda, acuérdate de mí.

where nobles bishops and lords—their wives and children
shed their hides.
                    The Franciscans
inspired by some chapel in Rome—so the guide'll tell you—
converted the tough ribs into dahlias, daisies and forget-me-nots
—*remember, Hermelinda*—the shinbones and skulls into Florentine
    arches.
(And the jungle of cars, a sexless snake of no known species
    beneath the red traffic-lights)
                                    There's also a river.
Ask about it, and they'll tell you that this year it's dried up. Praise
    its potential waters, have faith in them.
On the sandy hills
barbarians from the south and east have built
a camp that's bigger than the whole city, and they have other gods.
(Arrange some convenient alliance).
This air—they'll tell you—
turns everything red and ruins most things after the briefest
    contact.
Thus your desires and efforts
                        will become a rusty needle
before their hair or head have emerged.
And this mutation—*remember, Hermelinda*—doesn't depend upon
    anyone's will.
The sea revolves in channels of air,
the sea revolves,
it is the air.
            You cannot see it.
But I was at the quayside in Barranco
picking out round flat pebbles to skim across the water.
I had a girl with slim legs. And a job.
And this memory, pliant as a pontoon-bridge, anchors me
to the things I've done
and the infinite number of things left undone,
to my good or bad luck, to things I've neglected.
                    To what was lost or gained between
    these waters.
Remember, Hermelinda, remember me.

(M.A. & D.T.)

EL CEMENTERIO DE VILCASHUAMAN

Para Hernando Núñez

Sólo las cruces verdes, las cruces azules, las cruces amarillas:
flores de palo entre la tierra de los hombres y el espacio que
    habitan los abuelos.
No edificios construídos con usura donde las cenizas se oxidan
    sin mezclarse.
Sólo las cruces verdes, las cruces azules, las cruces amarillas.
Moran aquí nuestros primeros padres:
                    bien dispuestos y holgados y
    armoniosos
entre los rojos campos
              y las colinas interiores del planeta.
"La carne aguanta menos que el maíz y menos que los granos el
    vestido:
más que el algodón la lana pero menos que el hueso:
y más que las costillas quebradizas aguanta el viejo cráneo".
Y llegado el momento
regresan a la tierra igual como la arena se mezcla con la arena.
Abuelo Flores Azules de la Papa, Abuelo Adobe, Abuelo Barriga
    del Venado.
(Y en el techo del mundo de los muertos
como un río de gorgonas la sequía sucede a las inundaciones
                      y los hijos
mueren de sed junto a las madres ya muertas por el agua).
"Dónde tu fuerza, abuelo, que los ojos del fuego no te alcanzan".
Sólo los viejos nombres de acuerdo a edad y peso,
sólo las cruces verdes, las cruces azules, las cruces amarillas.
No el arcángel del siglo XIX —la oferta y la demanda— y las
    cenizas solas.
Abuelo Flores Azules de la Papa, Abuelo Adobe, Abuelo Barriga
    del Venado.
"Moja este blanco sol, Abuelo Lluvia".
                  Mientras la tierra engorda.

THE CEMETERY AT VILCASHUAMAN

Only green crosses, blue crosses, yellow crosses:
wooden flowers between the land of men and the space our grand-
 fathers inhabit
Not profitable mausoleums where ashes rust without mixing.
Only green crosses, blue crosses, yellow crosses.
Here our forefathers live in comfort and harmony
between the red fields
                          and the inner hills of the planet.
"Flesh endures less than maize and clothing less than grain:
wool longer than cotton but less than bone:
and longer than the brittle ribs the old skull."
                          And when their time has come
they return to the land as sand mingles with sand.
Grandfather Blue Flowers of the Potato, Grandfather Adobe,
 Grandfather Deer's Belly.
(And on the roof of the world of the dead
like a river of gorgons drought succeeds floods
                          and children
die of thirst beside mothers dead by water).
"Where is your strength, grandfather, that the eyes of fire do not
 reach you".
Only old names according to age and weight,
only green crosses, blue crosses, yellow crosses.
Not the 19th century archangel—supply and demand—and the
 lonely ashes.
Grandfather Blue Flowers of the Potato, Grandfather Adobe,
 Grandfather Deer's Belly.
"Moisten this white sun, Grandfather Rain."
                          While the land gets fat.

Translator's note: In the coast of Peru coffins are put into separate niches which
stand in blocks up to 20 feet above the ground; in the sierra the dead are buried
in the ground.

(W.R.)

ENTRE EL EMBARCADERO DE SAN NICOLAS
Y ESTE GRAN MAR

For you my son
I write what we were.
(Horace Gregory)

Queda un poco de sol, crujen los cables y el lomo de las aguas
una y otra vez se bambolea entre las blancas rejas.

En San Nicolás he visto a dos muchachos apretarse contra una
    grúa roja.
El viento soplaba y resoplaba desde el Sur como el chillido de qui-
    nientos demonios.
¿Quién me llama? ¿He apagado la luz de la cocina? ¿Qué olvidé en-
    tre mis libros?
Y la respuesta no llega como nunca el palmoteo amable de los
    dioses.
Ella era muy delgada y revolvía sus manos bajo la negra chompa
    del muchacho.
Mar de San Nicolás, olas de aceite.
Día que me sorprendes muros adentro de Jerusalén y en deuda
    con mi hermano:
poco aviso fue el semáforo de Delfos. ¡Oh gran remordimiento!
no acicalé mi casa para el día.
¿Ya rechina la viola de los muertos contra una grúa roja?
Perdóname.
¿Qué polvo de hierro se arremolina en nuestro corazón?
Perdóname.
Los muchachos subieron hasta un bosque de latas y encendieron
    la luz.
Y la Osa Mayor era brillante y su peludo rabo colgaba desde el
    cielo.
Perdóname.
Yo andaba por los muelles más informe que una medusa muerta.
Y el viento soplaba y resoplaba sobre ti, nuestro recién nacido:
cáscara de plátano donde pastan las moscas.
                                    Perdóname.
Después, aullaron las sirenas de San Juan y Acarí, y a las siete nos
    hicimos a la mar.

Queda un poco de sol, crujen los cables y el lomo de las aguas
una y otra vez se bambolea entre las blancas rejas.
Ni un pájaro me sobrevuela, Diego mío, y antes que la noche
    apriete pienso en ti.
Perdóname, perdónala.

BETWEEN THE QUAY OF SAN NICOLAS
AND THE GREAT OCEAN

"For you, my son
I write of what we were.'

(Horace Gregory)

There's a little sun still, the cables creak and the water
sways once again between the white stakes.

In San Nicolás I've seen a boy and girl embracing against a red
    crane.
The wind blew continuously from the south, howling like five
    hundred demons.
Who's calling me? Did I switch off the kitchen light or forget one
    of my books?
And the reply like the applause of the gods never comes.
She was slim and moved her hands under the boy's black jumper.
Sea of San Nicolás, with its oily waters.

Day surprised me within the walls of Jerusalem and in debt to my
    brother:
the signal from Delphi gave little warning. Oh great remorse!
I'd not set my house in order that day.
Is that the music of the dead grating against a red crane?
Forgive me.
What iron-filings collect in our hearts?
Forgive me.
The boy and girl clambered up a mountain of tins and switched on
    the light.
The Great Bear was bright and its fuzzy tail hung from the sky.
Forgive me.
I strolled along the wharves, shapeless as a dead jelly-fish.
And the wind continued to blow over you, our young baby:
a banana peel where the flies are feasting.
Forgive me.
Later the sirens of San Juan and Acari wailed and at seven we put
    to sea.

Some sun still, the cables creak and the water
sways once more between the white stakes.
No bird flies overhead, my Diego, and before night closes in I think
    of you.
Forgive me, forgive her.

(M.A. & D.T.)

EL ARCO IRIS

"Y cuelga en el Atlántico del Norte, alto y brillante sobre el re-
   vuelto mar.
Alianza concertada a no más de 100 millas, viejo diluvio que nues-
   tra nave ignora.
Delfines y peces voladores y pájaros de algún pelado islote en las
   oscuras aguas."
¿Qué más he de escribir?
Son las 5 y 40, puedo probarles mi amor por el A I:
Cuando estaba en el baño vi los 7 colores —más o menos— desde
   un ojo de buey,
y a pesar del gran frío corrí hasta la baranda.
"Alto y hermoso A I, sólido como estas aguas —más negras y re-
   vueltas que el pellejo de un oso".
Y después, en el puente del timonel, miré su largo cuerpo durante
   media hora.
El frío me pesaba en las orejas.
                         Qué oferta tan amable:
Un mar de lodo hirviendo, la historia de una alianza entre Yavé y
   los hombres,
y un Arco de primera calidad.
                      Mas ya todo está escrito.
El A I conmueve,
el A I entusiasma,
el A I se parece a la amada de frente o de perfil,
el A I nos guarece de las lluvias,
el A I anuncia el Arca de la Alianza
                el Armisticio en Viena
                la Pipa de la Paz,
muchos vieron su vida en el A I,
el A I hace los días fastos y las noches propicias.
                                     Sólo Buncken
—un holandés del siglo XVII— vio bajar del A I a los fieros ar-
   cángeles del Juicio.
Nada puede turbarme.
                  "Dulce curva el A I entre el oscuro techo y
   este mar de petróleo".
Luz en el Atlántico del Norte a las 5 y 40.
                  Buena cosa el A I. Después de todo,
Buncken Hant sólo era un holandés casi ignorado.

THE RAINBOW

"And it hangs in the North Atlantic, tall and brilliant over the
    stormy sea.
Alliance consolidated less than 100 miles from here,
                            ancient deluge unknown to our ship.
Dolphins and flying-fish and birds from some bald rock in the dark
    waters."
What more should I write?
It's 5:40, I can prove to you my love for the R B:
I saw the 7 colors—near enough—from a porthole in the lavatory,
and despite the intense cold ran over to the rail.
"Tall and beautiful R B, solid like these waters—
                        blacker and rougher than a bear's fur."
And then on the bridge I watched its long body for half-an-hour.
The cold lay heavy on my ears.
                      What a generous bargain:
a sea of boiling mud, the history of an alliance between Yahweh
    and mankind,
and a Bow of top quality.
                  But it's all been written.
The R B excites,
the R B exhilarates,
the R B's like your girl's face or profile,
the R B shelters us from the rains,
the R B announces
              the Ark of the Covenant
              the Vienna Armistice
              the Pipe of Peace,
many found their life in the R B,
the R B makes the days favorable and the nights propitious.
                      Only Buncken—
a 17th century Dutchman—saw the fierce archangels of the
    Judgement
descending from the R B.
Nothing can worry me.
              "Lovely arch of the R B between the dark
sky and this oily sea."
Light in the North Atlantic at 5:40. A good thing the R B. After all
Buncken Hant was just an almost unknown Dutchman.

(W.R.)

A UNA DAMA MUERTA

Contra la fiera Cristina

Desde la primera vez comprendí que te iba a seguir como un gra-
nadero a su bandera,
entre los muertos y el torreón de las moscas —retirada en Verdún,
1870, por ejemplo.
                Así era,
la Tierra sobre el lomo del buen Atlas, terrible y necesaria, inevi-
table.
1967, la Revolución Cultural China y los quesos baratos
—fue en París donde perdí a mi amigo.
                Allí estabas,
gorda, desparramada y sin embargo más dura que un colmillo.
María era mi esposa. You know María,
Señoritas from Havana know a lot of things about caballeros,
Doncella cigarettes, Kingston, Jamaica.
                María Doncella,
                María Caballero,
                María Señorita,
                María Buenos Días Señor.
(Trato así de ablandar su rostro guerrero, sus incisivos, sus
uñas convexas.
María olfateaba al enemigo desde 5 jornadas de distancia, era
perfecta).
María chiquita, bonita, con un cuchillo de hueso escondido en la
media.
You know that Villa's song.
(Oh bandera torpe y pesada como un oso, hubimos de enterrarte
para correr mejor.
María devoró las aceitunas del odre en muy pocos minutos,
y el odre fue vacío.
                Y ahí,
sin desnudarte —María temía a los bichos y bacilos de tu ropa in-
terior—
te clavamos.
                Después, el agua hervida).
María loves Pancho in a fantastic tower of palmeras.
Y Pancho que no sabe escoger.
Pancho partido entre la Mariguana y el Té de las Señoras.
                (Cómo duele,
aquí junto al hígado y la última costilla voladora.
Estancia destinada a los cobardes).
María Buenos Días Muchas Gracias said to me "You are a bravo".
I'm sure of it.
              I'm sure.
Entre las Matanzas y el Salmo de Primera Comunión, en perfecto
equilibrio.
Para siempre.

TO A DEAD LADY

Right from the start I knew I'd follow you like a grenadier his
    banner
between the corpses and the turret of flies—the retreat at Verdun
in 1870, for example.
You were like the earth on good Atlas' back, terrible and
    necessary, inevitable.
1967, the Chinese Cultural Revolution and cheap cheese
—in Paris where I lost my friend.
                            There you were,
fat, splayed open, yet harder than a tusk.
Maria was my wife. *You know Maria,*
Señoritas from Havana know a lot of things about caballeros,
Doncella cigars, Kingston, Jamaica.
                        María Doncella,
                        María Caballero,
                        María Senorita,
                        María Buenos Días Señor.
(I try to mollify her warlike face, her incisors, her convex nails.
Maria smelt out the enemy from 5 day's journey away,
she was perfect).
Nice little Maria with a bone knife hidden in her stocking.
You know that Villa's song.
(Oh banner listless and heavy as a bear, we had to bury you to
    make our getaway.
Maria devoured the olives in the wine-butt in just a few minutes,
and the wine-butt was empty.
                        And there,
without undressing you—Maria feared the bugs and bacilli in your
    underclothes—
we nailed you.
                Afterwards, the hot water).
Maria loves Pancho in a fantastic tower of palmeras.
And Pancho who can't make up his mind
Pancho torn between Marijuana and Tea with the Ladies.
        (How it hurts, here, next to the liver and the last floating
    rib.
Destiny of cowards).
María Buenos Días Muchas Gracías said to me "You are a bravo."
I'm sure of it.
            I'm sure.
Between the slaughtering and the Psalm at First Communion, in
    perfect equilibrium.
For ever.

                                            (W.R.)

IN MEMORIAM

Para Mario Sotomayor

Yo vi a los manes de mi generación, a los lares, cantar en cere-
    monias, alegrarse
cuando Cuba y Fidel y aquel año 60 eran apenas
un animal inferior, invertebrado.
                              Y yo los vi después
cuando Cuba y Fidel y todas esas cosas fueron peso y color
y la fuerza y la belleza necesarias a un mamífero joven.
Yo corría con ellos
                y yo los vi correr.
Y el animal fue cercado con aceite, con estacas de pino, para que
    ninguno conociera
su brillante pelaje, su tambor.
Yo estuve con mi alegre ignorancia, mi rabia, mis plumas de colores
en las antiguas fiestas de la hoguera,
                        Cuba sí, yanquis no.
Y fue entonces que tuvimos nuestro muerto.
(Los marinos volvieron con su cuerpo en una bolsa, con las carnes
    estropeadas
y la noticia de reinos convenientes.
Así les ofrecimos sopa de acelgas, panes con asado, betarragas,
y en la noche
                quemamos su navío).
"Quién no tuvo un par de manes, tres lares y algún brujo como
    toda heredad
—sabios y amables son, engordan cada día.
Hombres del país donde la única Torre es el comercio de harina de
    pescado,
gastados como un odre de vino entre borrachos.
                              Qué aire ya nos queda.
Y recibimos un laurel viejo de las manos del propio Virgilio y de
    manos de Erasmo
una medalla rota.
Holgados y seguros en el vericueto de la Academia y las publica-
    ciones.
Temiendo algún ataque del Rey de los Enanos, tensos al vuelo de
    una mosca:
Odiseos maltrechos que se hicieron al agua
aún cuando los temporales destruían el sol y las manadas de can-
    grejos, y he aquí
que embarraron con buen sebo la proa
hasta llegar a las tierras del Hombre de Provecho.
(Amontonad los muertos en el baño, ocultadlos, y pronto el Coliseo
os será limpio y propicio como una cama blanda)".
Hay un animal noble y hermoso cercado entre ballestas.
En la frontera Sur la guerra ha comenzado. La peste, el hambre,
    en la frontera Norte.

IN MEMORIAM

I'd seen the manes and lares of my generation singing at
    celebrations, making merry
when Cuba and Fidel and that year 1960 were just
a lower invertebrate animal.
                         And I saw them afterwards
when Cuba and Fidel and all those things had weight and color
and the strength and beauty necessary to a young mammal.
I ran with them
             and watched them running.
And the animal was encircled with oil and pine stakes, so that no
    one should know
its brilliant coat, its drum.
With my gay ignorance, my rage, my colored feathers
I was there at the ancient bonfire feasts,
                         Cuba sí, yankees no.
And it was then that we had our death.
(The marines came back with his body in a bag, with the ravaged
    flesh
and news of convenient kingdoms.
So we offered them onion soup, beef sandwiches, beetroot,
and in the night
             burnt their ship).

"Who's not had a pair of manes, three lares
                and some witch-doctor as all their inheritance
—wise and kindly, they grow fatter every day.
Men of the land where the only Tower is the fish-meal business,
consumed like a wine-butt among drunks.
             What air is there left to breathe.
And we were given an old wreath from the hands of Virgil himself
    and from Erasmus
a broken medal.
Well-placed and safe in the tricky ground of the Academy and
    publishing.
Fearful of some attack from the King of the Dwarfs, tense at the
    buzzing of a fly:
battered Odysseuses who put to sea
even when storms were destroying the sun and the throngs of
    crabs, and behold
they daubed the prow with good grease
until they reached the lands of Opportunity.
(Heap up the dead in the lavatory, hide them away, and in no time
    the Coliseum
will be clean and propitious like a soft bed)."
There's a noble and beautiful animal encircled with crossbows.
On the Southern frontier war has begun.
In the North, plague and hunger.
                                     (W.R.)

KENSINGTON, *PRIMERA CRONICA*

Yo caminé por estas mismas calles con la comodidad de un buey,
    ufano
como el más alto de los olmos, y los dioses
eran conmigo, alegre peatón
sobre los cráneos de los ingleses muertos en la guerra,
mesador de las barbas,
y brillaba
como un árbol de moras en medio del verano, Cristo sobre las
    aguas, glorioso,
cerdo feliz.
Y fue el tiempo de tratados y de alianzas con los jefes de las tri-
    bus:
Hombres de Australia, hombres del Canadá, hombres de Irlanda,
todos los bárbaros
metiendo lagartijas en el culo de la Reina, jubilosos
y sin remordimiento.   Dulce Morgan,
viajero entre las ramas y los campos del aire,
lejos de los tejados que guarecen a los adoradores del Tío Coronel
    en la Malasia,
de Betty Boop, de la Consola del Siglo XIX, y lejos de las camas
donde las muchachas guerrean con los reyes normandos, de los
    baños
donde los muchachos se drogan a la sombra de su viejo prestigio:
Dios salve al Rey.

KENSINGTON, FIRST CHRONICLE

I walked these same streets with the ease of an ox, haughty
like the tallest of the elms, and the gods
were with me, carefree pedestrian
on the skulls of the English dead in the war, tweaker of beards,
and I shone
like a mulberry tree in mudsummer, Christ on the waters, glorious,
blissful pig.

And it was the time of treaties and alliances with the chiefs of the
    tribes:
Men of Australia, men of Canada, men of Ireland,
all the barbarians
stuffing lizards up the Queen's ass, jubilant
and without remorse.
                        Sweet Morgan,
voyager through the branches and regions of the air,
far from the roofs which shelter the worshippers of Uncle, who's a
    Colonel in Malaya,
and Betty Boop, and the 19th century Console, and far from the
    beds
where girls battle with Norman kings, from the lavatories
where boys give themselves fixes in the shadow of their old
    prestige:
God save the Queen.

                                                        (W.R.)

DOS SOLEDADES

I. HAMPTON COURT

Y en este patio, solo como un hongo, adónde he de mirar.
Los animales de piedra tienen los ojos abiertos sobre la presa ene-
    miga.
—Ciudades puntiagudas y católicas ya hundidas en el río— hace
    cien lustros
se aprestan a ese ataque. Ni me ven ni me sienten.
A mediados del siglo diecinueve los últimos veleros descargaron el
    grano,
ebrios están los marinos y no pueden oírme
—las quillas de los barcos se pudren en la arena.
Nada se agita. Ni siquiera las almas de los muertos
—número considerable bajo el hacha, el dolor de costado, la diarrea.
Enrique El Ocho, Tomás Moro, sus siervos y mujeres son el aire
quieto entre las arcadas y las torres, en el fondo de un pozo sellado.
Y todo es testimonio de inocencia.
Por las 10,000 ventanas de los muros se escapan el león y el
    unicornio.
El Támesis cambia su viaje del Oeste al Oriente. Y anochece.

LONELINESS I—HAMPTON COURT

Here on this patio, lonely as a mushroom, which way should I look.
The stone animals watch open-eyed over the enemy prey
—spired Catholic cities now sunken in the river—for over a
    hundred lustrums now
they've been ready for the attack. They don't see or hear me.
Around the middle of the nineteenth century
                        the last sailing-ships unloaded the grain,
the mariners are drunk and can't hear me
               —the ships' keels rot in the sand.
Nothing stirs. Not even the souls of the dead
—a good many with the axe, the death-pain in the side, diarrhea.
Henry VIII, Thomas More, their servants and women
                                     are the still air
between arches and towers, at the bottom of a sealed well.
And everything is a testimony of innocence.
Through the 10,000 windows the lion and unicorn slip away.
The Thames changes its course from West to East.
And night falls.

(W.R.)

II. PARIS 5e

"Amigo, estoy leyendo sus antiguos versos en la terraza del Norte.
El candil parpadea.
Qué triste es ser letrado y funcionario.
Leo sobre los libres y flexibles campos del arroz: Alzo los ojos
y sólo puedo ver
los libros oficiales, los gastos de la provincia, las cuentas amari-
    llas del Imperio".

Fue en el último verano y esa noche llegó a mi hotel de la calle
    Sommerard.
Desde hacía dos años lo esperaba.
De nuestras conversaciones apenas si recuerdo alguna cosa.
Estaba enamorado de una muchacha árabe y esa guerra
—la del zorro Dayán— le fue más dolorosa todavía.
"Sartre está viejo y no sabe lo que hace" me dijo y me dijo también
que Italia lo alegró con una playa sin turistas y erizos y aguas
    verdes
llenas de cuerpos gordos, brillantes, laboriosos, "Como en los ba-
    ños de Barranco",
y una glorieta de palos construída en el 1900 y un plato de
    cangrejos.
Había dejado de fumar. Y la literatura ya no era más su oficio.
El candil parpadeó cuatro veces.
El silencio crecía robusto como un buey.
¡Y yo por salvar algo le hablé sobre mi cuarto y mis vecinos de
    Londres,
de la escocesa que fue espía en las dos guerras,
del portero, un pop singer,
y no teniendo ya nada que contarle, maldije a los ingleses y callé.
El candil parpadeó una vez más.
Y entonces sus palabras brillaron más que el lomo de algún esca-
    rabajo.
Y habló de la Gran Marcha sobre el río Azul de las aguas revueltas,
sobre el río Amarillo de las corrientes frías. Y nos vimos
fortaleciendo nuestros cuerpos con saltos y carreras a la orilla del
    mar,
sin música de flautas o de vinos, y sin tener
otra sabiduría que no fuesen los ojos.
Y nada tuvo la apariencia engañosa de un lago en el desierto.
Mas mis dioses son flacos y dudé.
Y los caballos jóvenes se perdieron atrás de la muralla,
y él no volvió esa noche al hotel de la calle Sommerard.

LONELINESS II—PARIS 5e

"Friend, I'm reading your old poems on the north terrace.
The oil lamp flickers.
How sad to be lettered and a bureaucrat.
I'm reading about the free and flexible rice fields, I raise my eyes
and can only see
the official books, the expenses of the province, the yellowed
accounts of the Empire."

It was last summer and that night he reached my hotel on
Sommerard Street,
I'd been waiting for him two years.
I hardly remember anything of our conversation.
He was in love with an Arab girl and that war
—the Fox Dayan's—was even more painful to him.
"Sartre is old and doesn't know what he's doing," he told me and
also said
that Italy had made him happy with its tourist-free beaches, sea
urchins and green water
full of fat, glistening, hard-working bodies. "Like the baths at
Barranco,"
A summerhouse built at the turn of the century and a dish of
crabs.

He'd stopped smoking. And literature was no longer his trade.
The oil lamp flickered four times.
Silence grew strong as an ox.
And so to salvage something I told him about my room and my
neighbours in London,
about the Scotswoman who'd been a spy in both wars,
about the doorman—a pop singer,
and having nothing more to tell him, I cursed the English and shut
up.

The oil lamp flickered again
and then his words shone brighter than some beetle's back,
and he spoke of the Long March, the Blue River with its turgid
waters.
about the Yellow River and its cold currents. And we imagined
toughening ourselves by running and jumping along the sea-shore,
doing without music or wine, relying
for wisdom on our eyes only.
And none of this seemed like a mirage in the desert.
But my gods are weak and I doubted.
And the young stallions were lost behind the wall
and he did not return that night to the hotel on Sommerard Street.

Así fueron las cosas.
Dioses lentos y difíciles, entrenados para morderme el hígado todas
    las mañanas.
Sus rostros son oscuros, ignorantes de la revelación.

"Amigo, estoy en la Isla que naufraga al norte del Canal y leo sus
    versos,
los campos del arroz se han llenado de muertos.
Y el candil parpadea".

That's the way it was.
Obstinate and slow gods, trained to gnaw at my liver every
    morning.
Their faces are dark, ignorant of revelation.

"Friend, I'm on the island that's going under north of the Channel
and I'm reading your poems,
the rice fields are full of the dead
and the oil lamp flickers."

(M.A. & D.T.)

MEDIR Y PESAR LAS DIFERENCIAS A ESTE LADO DEL CANAL (UNIVERSIDAD DE SOUTHAMPTON)

Desde la Torre de Vidrio veo las colinas blandas y oscuras como
    animales muertos.
El aire es negro, susceptible de pesarse y ser trozado, y usted no
    podría creer que alguna vez
sobre este corazón ha estado el sol.
Los automóviles de los estudiantes son más numerosos que la yerba
    y ellos vigilan
desde la Torre de Matemáticas, la Torre de Lenguas Modernas,
la Torre de Comercio, la Torre de Ingeniería, la Torre de las Tazas
    de Té, la Torre de Dios.
Los profesores miran también sus automóviles, con poco disimulo.
    Y si usted se descuida
terminará por creer que éste es el mundo
y que atrás de las últimas colinas sólo se agitan el Caos, el Mar de
    los Sargazos.
Aquí se hornean las rutas del comercio hacia las Indias
y esa sabiduría que pastamos sin mirar nuestros rostros.
Usted gusta de Kipling, mas no se ha enriquecido con la Guerra
    del Opio.
Gusta de Eliot y Thomas, testimonios de un orden y un desorden
    ajenos.
Y es manso bajo el viejo caballo de Lord Byron.
                         Raro comercio éste.
Los Padres del enemigo son los nuestros, nuestros sus dioses.
Y cuál nuestra morada.

Las muchachas caminan despreocupadas y a pesar del frío llevan
    las piernas libres y ligeras:
"Oh, mi delgadita, mi brizna de yerba, ven a mí".
                         Los muchachos
tienen la mirada de quien guardó los granos y las carnes saladas
    para un siglo de inviernos.
El Fuego del Hogar los protege de los demonios que danzan en el
    aire.
Fuera de estas murallas habitan las tribus de los bárbaros
y más allá
            las tribus ignoradas.
Lo importante es que los ríos y canales sigan abiertos a la merca-
    dería.
Mientras el trueque viaje como la sangre, habrá ramas secas y or-
    denadas para el fuego.
El Fuego del Hogar
otorga seguridad y belleza: Y las Ciencias y las Artes
podrán reproducirse como los insectos más fecundos, las moscas, por
    ejemplo.

WEIGHING AND MEASURING THE DIFFERENCES ON THIS SIDE OF THE CHANNEL

From the Glass Tower I can see the hills, soft and dark like dead
    animals.
The air is black, could be weighed and sliced and you wouldn't
    believe
The sun had ever shone on this heart of mine.
The students' cars are more numerous than the grass and they
    keep an eye on them
from the Math Tower, the Modern Languages Tower,
the Business Tower, the Engineering Tower, the Tower of Cups of
    Tea, the Tower of God.
The teachers eye their cars too and make little attempt to conceal
    it. If you're not careful
you'll end up believing this is the world
and that beyond the furthest hills only Chaos stirs, only the
    Sargasso Sea.
Here trade routes to the Indies get concocted
and the wisdom we feed on without looking at our own faces.
You appreciate Kipling but you've not got rich on the Opium War.
You appreciate Eliot and Dylan Thomas, testimonies of an alien
    order and disorder.
And you're a sucker to Byron's old horse.
                        Strange trade this.
The fathers of the enemy are ours, ours their Gods.
So where do we stand.

The girls walk carefree and despite the cold, their legs swing light
    and easy:
"Oh, my slender one, my blade of grass, come to me."
                              The boys
have the look of those who have stored up grain and salted meat
    for a century of winters.
The Home Hearth shields them from the devils which dance in the
    air.
On the other side of these walls live the barbarian tribes
and beyond them
                  the unknown tribes.
The important thing is that rivers and channels stay open for
    trade.
As long as commerce travels like the blood there'll be dry branches
    ready for the fire.
The Home Hearth
bestows security and beauty: And the Arts and Sciences
can breed like the most fertile insects, flies, for example.

El Fuego del Hogar
lo lava todo y estimula al olvido conveniente.
Negro es el aire, sólido, tiene peso y lugar.
Mucho ha llovido y la tierra está lisa como un lago de mármol,
no ofrecerá ninguna resistencia.
Amigo Hernando,
tal vez ahora podría decirme qué hacer con estas Torres, con la es-
tatua de John Donne
—buen poeta y gustado por mí—, con Milton, con el Fuego del
Hogar.
Pero apúrese
porque las grúas altas y amarillas construyen otros edificios, otros
dioses,
otros Padres de Occidente —que también han de ser nuestros.

                    The Home Hearth
purifies everything and prompts a convenient forgetfulness.
The air is black, solid, has weight and position.
It's rained heavily and the ground is smooth as a lake of marble:
it'll offer no resistance.
                    Hernando my friend,
maybe now you could tell me what to do with these Towers, with
      the statue of John Donne
—a good poet and one I like, with Milton, with the Home Hearth.
                    But hurry
because tall yellow cranes are raising other buildings, other gods,
other Fathers of the West—that will also have to be ours.

                                                          (W.R.)

III   CRONICA DE CHAPI, 1965

"Lengua sin manos,
¿cómo osas hablar?"

(*Mio Cid*)

CRONICA DE CHAPI, 1965

Para Washington Delgado

Oronqoy. Aquí es dura la tierra. Nada en ella
se mueve, nada cambia, ni el bicho más pequeño.
Por las dudosas huellas del angana
—media jornada sobre una mula vieja—
                            bien recuerdo
a los 200 muertos estrujados
y sin embargo frescos como un recién nacido.
                              Oronqoy.
La tierra permanece repetida, blanca y repetida
hasta las últimas montañas.
                     Detrás de ellas
el aire pesa más que un ahogado.
                     Y abajo,
entre las ramas barbudas y calientes:
Héctor. Ciro. Daniel, experto en huellas.
Edgardo El Viejo. El Que Dudó 3 Días.
Samuel, llamado El Burro. Y Mariano. Y Ramiro.
el callado Marcial. Todos los duros. Los de la rabia entera.
(Samuel afloja sus botines) Fuman. Conversan.
y abren latas de atún bajo el chillido
de un pájaro picudo.
"Siempre este bosque
que me recuerda al mar, con sus colinas,
sus inmóviles olas y su luz
diferente a la de todos los soles conocidos.
                         Aún ignoro
las costumbres del viento y de las aguas.
                        Es verdad,
ya nada se parece al país que dejamos y sin embargo
es todavía el mismo".

Cenizas casi verdes,
restos de su fogata ardiendo entre la nuestra:
estuvieron muy cerca los soldados.
                        Su capitán,
el de la baba inmensa, el de las púas
—casi a tiro de piedra lo recuerdo— en pocos días
ametralló
            a los 200 hombres

CHRONICLE OF CHAPI

"Tongue without hands,
how durst thou speak?"

Oronqoy. Here the earth is hard. Nothing
moves, nothing changes, not even the smallest beast.
Along the faded tracks of the Angana
—half a day's journey on an old mule—
                                        I well remember

the 200 dead crushed
yet fresh as a new-born child.
                        Oronqoy.
The land continues repeated, white and repeated
up to the furthest mountains.
                        Behind them
the air is heavier than a drowned man.
                                And below,
between the hot and bearded branches:
Hector. Ciro. Daniel, the expert in tracking.
Edgardo The Old Man. The One Who Doubted 3 Days.
Samuel—called The Ass. And Mariano. And Ramiro.
Marcial, the quiet one. All the hard men. The men of complete
        rage.
(Samuel undoes his boots). They smoke and talk.
And open tins of tuna beneath the shriek
of a sharp-beaked bird.
"Always this forest
which reminds me of the sea, with its hills,
its immobile waves and its light
unlike that of any known sun.
                        I still don't know
the customs of the wind and the waters.
                                It's true
now nothing resembles the country we left and yet
it's still the same."

Ashes almost green,
remains of their fire glowing within ours;
they got very close, the soldiers.
                        Their captain,
the one with the barbs and the great slobber
—I remember him at just a stone's throw away—
in a few days
machine-gunned
                        the 200 men

                                    y eso fue en noviembre
(no indagues, caminante, por las pruebas:
para los siervos muertos no hay túmulo o señal)
                                              y esa noche,
en los campos de Chapi,
hasta que el viento arrastró la Cruz del Sur,
se oyeron los chillidos de las viejas,
                                    ayataki,
el canto de los muertos,
pesado como lluvia
                        sobre las anchas hojas de los plátanos,
duro como tambores.
                        Y el halcón de tierras altas
sombra fue sobre sus cuerpos maduros y perfectos.
(En Chapi, distrito de La Mar, donde en setiembre,
don Gonzalo Carrillo —quien gustaba
moler a sus peones en un trapiche viejo—
fue juzgado y muerto por los muertos)".

"El suelo es desigual, Ramiro, tu cuerpo
se ha estropeado entre las cuevas y corrientes submarinas.
Al principio, sólo una herida en la pierna derecha,
                                              después
las moscas verdes invadieron tus miembros.
Y eras duro, todavía.
                        Pero tus pómulos no resistieron más
—fue la Uta, el hambriento animal de 1,000 barrigas—
y tuvimos, amigo, que ofrecerte
como a los bravos marinos que mueren sobre el mar".

Ese jueves, desde el Cerro Morado se acercaban.
                                              Eran más de 40.
El capitán —según pude saber—
sólo temía al tiempo de las lluvias
y a las enfermedades que provocan
las hembras de los indios.
                        Sus soldados
temían a la muerte.
Sin referirme a Tambo —5,000 habitantes y naranjas—
12 pueblos del río hicieron leña tras su filudo andar.
Fueron harto botín hombres y bestias.
                        Se acercaban.
Junto a las barbas de la ortiga gigante
cayeron un teniente y el cabo fusilero.
                        (El capitán
se había levantado de prisa, bien de mañana
para combatir a los rebeldes.

                      and that was in November
(don't inquire, passer by, for the proofs;
for dead slaves there's no tumulus or sign)
                             and that night
in the fields of Chapi,
until the wind dragged away the Southern Cross,
old women's screams were heard
                      ayataki
the song of the dead,
heavy as rain
               on the wide banana leaves
hard as drums.
                 And the hawk from the high lands
cast his shadow on their mature and perfect bodies.

(In Chapi, district of La Mar, where in September
don gonzalo carrillo—who liked
to grind his peons in an old mill—
was judged and sentenced to death by the dead).
"The ground is rough, Ramiro, your body
has been maimed in undersea caves and currents.
At the beginning, just a wound in your right leg,

                                    afterwards
green flies invaded your limbs.
And you were strong, still.
                 But your cheekbones could bear no more
—it was Uta, the hungry animal with 1000 bellies—
and we had, friend, to offer you up
like a brave sailor who's died at sea."

That Thursday, they came up from Cerro Morado.
                     There were more than 40 of them.
The captain—as far as I could tell—
feared only the time of the rains
and the diseases caused by
Indian women.
            His soldiers
feared death
Without speaking of Tambo—5000 inhabitants and oranges—
12 villages along the river reduced to firewood behind his knife-
   edged march.
Men and beasts made plentiful booty.
                   They came up close.
Beside the beard of the giant nettle
fell a lieutenant and the corporal gunner. (The captain
had hurried to get up early in the morning
to fight the rebels.

Y sin saber que había una emboscada,
marchó con la jauría hasta un lugar tenido por seguro y discreto.
Y Héctor tendió al mano, y sus hombres
se alzaron con presteza).
                              Y así,
cuando escaparon, carne enlatada y armas recogimos.
El capitán huía sobre sus propios muertos
abandonados al mordisco de las moscas.
                              No tuvimos heridos.

Los guerrilleros entierran sus latas de pescado,
recogen su fusil, callan, caminan.
                              Sin más bienes
que sus huesos y las armas, y a veces la duda como grieta
en un campo de arcilla. También el miedo.
                              Y las negras raíces
y las buenas, y los hongos que engordan y aquéllos que dan muerte
ofreciéndose iguales.
                      Y la yerba y las arenas y el pantano
más altos cada vez en la ruta del Este, y los días
más largos cada vez
                    (y eso fue poco antes de las lluvias).
Y así lo hicieron 3 noches con sus días.
                              Y llegados al río
decidieron esperar la mañana antes de atravesarlo.

"Wauqechay, hermanito, wauqechay,
es tu cansancio
largo como este día, wauqechay.
Verde arvejita verde,
wauqechay,
descansa en mi cocina,
verde arvejita verde,
wauqechay,
descansa en mi frazada y en mi sombra".

Daniel, Ciro, Mariano, Edgardo El Viejo,
El Que Dudó 3 Días, Samuel llamado El Burro,
Héctor, Marcial, Ramiro,
                    qué angosto corazón, qué reino habitan.

Y ya ninguno pregunte sobre el peso y la medida de los hermanos
    muertos,
y ya nadie les guarde repugnancia o temor.

And not knowing there was an ambush,
he marched with his pack to a place held to be safe and discreet.
And Hector stretched out his hand, and his men
rose up rapidly).
                    And so,
when they got away, we picked up meat and arms.
The captain fled over his own dead
abandoned to the nibbling of the flies.
                              We had no wounded.

The *guerrilleros* bury their tins of fish,
pick up thir guns, fall silent, walk on.
                                    With no belongings
but their bones and guns, and sometimes doubt like a cleft
in a field of clay. Also fear.
                        And the black roots
and the good ones, and the fungi which fatten and those which
    bring death
proffering themselves identically.
                            And the grass and the sands and
                              the swamp
getting higher on the eastern route, and the days
getting longer
            (and that was a little before the rains).
And they kept on like this for 3 days and nights.
                              And arriving at the river
they decided to wait for morning before crossing.

"*Waukechay*, little brother, *waukechay*,
it's your weariness
long as this day, *waukechay*.
Green little green pea,
waukechay,
rest in my kitchen,
green little green pea,
waukechay,
rest in my blanket and in my shadow."

Daniel, Ciro, Mariano, Edgardo The Old Man,
The One Who Doubted 3 days, Samuel—called The Ass,
Hector, Marcial, Ramiro
                    what narrow heart, what kingdom do they inhabit.
And now let no man ask about the weight and height of our dead
    brothers,
let no one nurture fear or hatred for them now.

Translator's Note: This poem refers to an incident in the guerrilla campaign
of 1965 in the Department of Ayacucho, Peru.

                                                (W.R.)

PART IV

Like a Figtree on a Golf Course

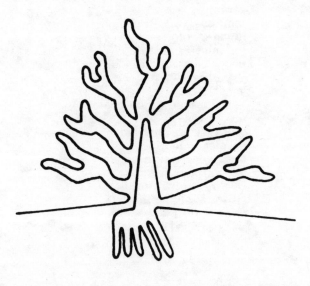

LA CASA DE PUNTA NEGRA (ESE IMPERIO)

Primero
se marcaron las fronteras
con estacas y cal,
y las antiguas tribus
que habitaban los campos
—culebras, lagartijas—
fueron muertas
sobre la tierra plana:
sólo manchas de sal
y restos de gaviotas
como toda heredad,
y en los últimos días
del verano
llegaron los camiones
con ladrillos
y arena de agua dulce:
así vi edificarse
ante mis ojos
Tebas,
Jerusalem,
Nínive,
Roma,
Atenas,
Babilonia,
y apenas la casa
fue techada
hubimos grande fiesta:
el maestro albañil
hizo una cruz de palo
y amarré
geranios,
mimosas,
lluvia-de-oro,
hubimos también
panes con carne asada
y yerbas
y cebollas
—un bosque de botellas
de cerveza—
y el mar era una loma
de algas muertas
mezcladas con la niebla:
los pelícanos viejos
celebraron mi canto
antes de alimentar
a las arañas,
a los cangrejos peludos
de las rocas.

THE HOUSE AT PUNTA NEGRA
(That Empire)

First
they marked out the boundary
with stakes and lime
and on the levelled ground
killed off the old tribes
—snakes and lizards
that inhabited the land:
only salt stains
and rotting gulls
as inheritance
and at the end
of summer
the lorries came
with bricks
and builder's sand:
so I watched them erecting
before my very eyes
Thebes,
Jerusalem,
Ninevah,
Rome,
Athens,
Babylon,
and scarcely had the house
been roofed
than we had a big party:
the plasterer
made a wooden cross
and I hung up
geraniums,
mimosa,
golden rain,
we had roast meat
and bread,
herbs and onions
—a forest of beer-bottles
and the sea
swollen with dead algae
mingled with the mist:
and the old pelicans
celebrated my song
before becoming food
for the spiders
and the hairy rock-crabs.

La casa fue clavada
con la cara al Oeste,
a más de 80 metros
de las aguas
en arenas seguras
—y ese sol—
tras los muros del Este
los camiones
y los autos veloces
ardían en la brea
como torres de paja,
y al fondo
inacabables
las colinas de arcilla,
el aire rojo,
los perros salvajes,
y fue todo,
y ese mar
ya no puede lavarnos
otra vez
—aunque brillé
en los 7 veranos—
(y yo fui
dorado,
alegre,
veloz)
y busco algunas veces
esas piedras
chatas
y redondas
para tirar al agua
—revuelta a 87
millas-sur
de esta vieja caverna
edificada
en la isla del viento
donde llevan
los hombres
a sus muertos
colgados
de la espalda
y brilla
este mal sol
más frío
que un cangrejo
entre la boca:
el parque de St James
sembrado de muchachos
y muchachas
que se enredan
como blandas culebras

The house was set
on firm sand
80 metres from the sea
facing west
—and that sun—
behind the walls to the east
lorries and fast cars
burning on the tarmac
like straw towers,
in the background
endless clay hills,
the red air
and wild dogs
that was all
and that sea
in which we cannot wash
ourselves again
—though I shone
through seven summers
(golden,
quick,
joyful)
and sometimes I look for
those round flat stones
to skim across the water
which is turbulent
87 miles south
of this old cave
built
on a wind-blown island
where people carry
their dead
slung over
their backs
and the weak sun
shines
colder than a crab
between the lips:
St James park
strewn with boys
and girls
entangled together
like soft snakes

bajo el aire
(y fue un desenredarme
y enredarme
sobre todos los campos
de la sal
y la arena mojada,
antes de la caída
de ese Imperio).

in the open air
(and I disentangled
and entangled myself
upon all those beaches
of salt
and damp sand
before the fall
of that Empire).

(D.T.)

UN SONETO DONDE DIGO QUE MI HIJO
ESTA MUY LEJOS HACE YA MAS DE UN AÑO

> —¿Ustedes tienen niños?
> —Uno. Pero. está en el Perú.

"Oh tu líquida y redonda habitación: la cómoda, la bien dispuesta, la armoniosa.
Y de pronto en el aire de las cuatro estaciones y los dioses: que los dioses te sean propicios".
Cuando escribí esas cosas aún estabas entre la gran vitrina donde fuiste exhibido 5 días
en competencia con los recién nacidos: "y mira esos ojazos" (tía Norma), "el más lindo de todos" (tia Inés),
y tú las ignorabas como el techo de un auto acribillado por los escarabajos voladores que mueren en el aire,
monarca de tus necesidades y el chillido de los que tienen hambre, se mojan y se embarran para honrar el planeta.
Después te llevamos al reino clase-media-acomodada de tu abuelo
—yo volví de Ayacucho sin trabajo (el haragán) hasta que otra vez fui profesor, pero en San Marcos
pagan poco y hubimos de seguir entre los cuadros de Primera Comunión y el vino controlado—
y el amor de la familia giraba y te giraba como las moscas borrachas en medio del verano.
Y cómo te arrastrabas en las 4 estaciones —"gatea muy bien para su edad"— y merodeabas la edad de la memoria
cuando el gran haragán y su mujer se metieron a un barco —50000 toneladas de hierro— que partía esa noche, y después escribió (el haragán):
"el viento soplaba y resoplaba sobre ti, nuestro recién nacido, cáscara de plátano donde pastan las moscas".

Cáncer y Capricornio fueron viejos una y otra vez y las banderas se hundieron en la arcilla como todo/los mejores caballos con la barriga abierta
—y esta lluvia que oxidó a los romanos en las tierras del Norte
me encierra entre mi caja de Corn Flakes
a escribir por las puras
sin corona de yerbas ni pata de conejo que me salven.
Al dulce lamentar de 2 pastores: Nemoroso el Huevón, Salicio el Pelotudo.

marzo 1968

A SONNET IN WHICH I SAY MY SON IS A LONG WAY OFF AND HAS BEEN FOR MORE THAN A YEAR

—Have you any children?
One, but he is in Peru.

"Oh your round and liquid room: comfortable, well-situated,
     harmonious.
And suddenly in the air of the four seasons and the gods: may the
     gods be kind to you."
When I wrote those things you were still behind the large window
     where they exhibited you for 5 days
in competition with the other newly-born: "look at those big eyes"
     (Aunt Norma), "the prettiest of the lot" (Aunt Ines),
and like a car roof pelted by flying-beetles that die in the air, you
     ignored them,
king of your needs, and of the screams of the hungry who piss and
     shit themselves to honour the planet.
Afterwards we took you to your grandfather's comfortable middle-
     class kingdom
—I came back from Ayacucho without a job (the idler) until once
     more I was a teacher, but in San Marcos
they don't pay much and we had to go on living among the
     pictures of First Communion and the measured wine
and the family love buzzed and circled around you like drunken
     flies in mid-summer.
And you slowly came on during the 4 seasons— "he crawls very
     well for his age"—and were raiding the frontiers of memory
when the great layabout and his woman boarded a ship—50,000
     tons of iron that sailed that night, and later he wrote (the
     idler):
"the wind blew and blew over you, our newborn child, a banana
     skin where the flies are feasting."

Cancer and Capricorn were old once again and the banners sank in
     the clay as everything does/the finest horses with their bellies
     split open
—this rain that rusted the Romans in the Northern lands
shuts me inside my box of Corn Flakes
writing for the sheer hell of it
with neither a necklace of herbs, nor a rabbit's foot to save me.
To the sweet lament of 2 shepherds: Nemeroso the asshole, Salicio
     the prick.

(D.T.)

"LA CAZA DE LA LIEBRE" (1887)

Los caballos han sido alimentados con las yerbas de Surrey y de
    Kent
Son fuertes y sin grasa.
Todo el año tuvieron oficios ligeros para evitarles daños o can-
    sancio.
Más rojos que una fresa bajo el sol, altos, nerviosos a la espera
    del corno del arcángel.
Y al llegar de los días propicios llegan los Caballeros y los trepan
y les dan dos palmadas en el cuello y otra vez los llaman por sus
    nombres.
Y regresan los perros —que son muchos y finos.
18 Caballeros: rojas casacas, gorros de lana negra, mal aliento.
A la derecha bosques de abedules. Robles y lavandas a la iz-
    quierda.
Lord Balfour sopla el corno sin arruga ninguna.
                        Y corren tras la liebre.
Pocas guaridas entre las blandas lomas y no hay lagos o ríos
—las aguas que estropean el olfato de un perro.
Y los perros más gordos revientan sobre el pasto.
Mas son muchos —y finos— y muerden a la liebre en el lugar
    preciso.
Lord Maddigan remueve al muerto entre las patas del cangrejo
y lo enseña a la tribu como restos de un cuero cabelludo.
Su mujer y sus hijos lo reciben alegres. Arde en la cocina
una fogata para asar con holgura un elefante.
La dulce Cynthia —su-niña-de-7-años— comerá el animal
ya después de trozado, abierto, desplumado.
Y así los Caballeros celebran con oportos y ginebras a Maddigan
    el Lord por su valor y fuerza,
a Lord Porter
                por sus campos de arroz
                en Birmania,
                por sus cedros
                en Líbano,
                por sus doradas cabras
                en Nepal,
                por sus minas de cobre
                en el Perú
                —South Pacific area:
                between Australia
                and the coast of Nigeria.

"HUNTING THE HARE" (1887)

The horses have been fed on the rich grass of Surrey and Kent.
They're strong and lean.
All the year they've been given light work to avoid injuring or
    tiring them.
Redder than strawberries beneath the sun, long-limbed, highly-
    strung, waiting for the horn of the archangel.
And when the season arrives the Huntsmen come and mount
    them,
pat their necks and call them once again by pet-names.
And the pack of dogs returns.
18 Huntsmen: scarlet jackets, caps of black silk, bad breath.
To the right birchwoods. Oaks and lavender to the left.
Lord Balfour blows his horn without a flourish.
And they hunt the hare.
There're few hiding-places among the smooth hills and no lakes or
    rivers
to put the dogs off the scent.
The fattest collapse in the field
but there's a pack of them—pedigreed—that bite the hare in the
    exact place.
Between the claws of a crab Lord Maddigan holds up the kill,
a tattered and hairy scalp, and shows it to the tribe.
His wife and children accept it happily. A fire big enough to roast
    an elephant is burning in the kitchen.
And after the animal's been chopped up, skinned and gutted
sweet Cynthia—his seven-year-old daughter—will eat it.
And the Huntsmen with port and gin will toast Lord Maddigan for
    his strength and courage,
and Lord Porter
                for his ricefields
                in Burma,
                his cedars
                in the Lebanon,
                for his golden goats
                in Nepal,
                and his copper-mines
                in Peru
                —South Pacific area
                between Australia
                and the coast of Nigeria.

(M.A. & D.T.)

POR PANCHO SALAS, POR NOSOTROS

Así es, viejo,
no se puede jugar con esas cosas
—hígado, corazón, cerebro.
"Un dolor de cabeza y entró en coma",
y entonces no hay más días
para cortarse el pelo,
para cobrar las deudas o pagarlas
—y se cierran los templos
del Sol y de la Luna.
"Fue un caso en un millón",
pero ya no caminas bajo el pino
de la calle Arenales
y ya no escoges más
entre el trigo y la paja
—las leyes de la oferta y la demanda.
Un dolor de cabeza, viejo,
y ni te enteras
de la arteria obstruida y esas cosas
que después todos saben
menos uno
—canto y dolor de los sobrevivientes.
Llueve en las colinas de Southampton,
el agua pasta entre las viejas tumbas,
y esta noche
los sabios, los holgados
—libres ya de negocios,
guerras de religión,
dolor de muelas—
son tan altos y antiguos como tú.

Southampton Hospital, mayo 69

FOR PANCHO SALAS, FOR US

That's how it goes, man,
you can't mess around with such things
—liver, heart, brain.
"A headache and he went into a coma,"
then there's no time left
to have a haircut,
to collect or pay your debts
—and the temples
of the Sun and Moon are closed.
"It was one case in a million,"
yet you no longer stroll
beneath that pine in Calle Arenales
and no longer choose
between the wheat and chaff
—the laws of supply and demand.
A headache, man,
and you'll never know
about that blocked-up artery
or the other things
that everyone knows all about
except you
—the song and pain of the survivors.
It's raining on the hills
of Southhampton
and the water's nourished
among the old graves
and tonight
the wise, the well-off
—free from all commerce,
religious wars and toothache—
are as ancient and remote as you.

Southhampton Hospital, May 69

(D.T.)

TRES EGLOGAS

I   Lluvia (Londres)

Las primeras lluvias son una oportunidad para meterse en la
cama,
las siguientes para que los zapatos se desclaven y rechinen como
tiza mojada en la pizarra,
para que la casa se inunde (+ líquenes + musgos + culebras),
para que el hígado engorde como un canto de guerra,
y después el silencio,
que ya no ha de acabarse aunque cese la lluvia.

II Sol (Bornemouth)

Nunca vi sol tan blanco —ni aun ese verano
en que fue Punta Negra más roja que los campos de Marte ni
en los campos
de mi vieja memoria—
y este sol rueda en todo mi cuarto y lo repleta
como los bueyes gordos y brillantes que repletan el aire,
y va el zorro con su hembra
y el mono con su hembra
y el ciervo con su hembra,
y abren sus blandos lomos al calor
mientras la luz los lava de la sangre y los hongos que les dejó el
invierno.
Las ratas se revuelven, mordisquean
el pasto con desgano, los pies de los amantes descuidados,
las flacas perdices de la luz.

III   Viento (Haut-de-Cagnes)

A mí me jode el viento,
aún si es literario como el Mistral que
                              pasa
                              por
                              mi
                              casa
y nombra los hoteles y los vinos
enredándome el pelo que yo quiero ordenar como una granja
cada yerba en su sitio, cada animal.
Cuando sale del agua trae arena, náufragos, tablones de naufragio
que dispone con calma entre mis ojos.
De los bosques: espinas, ramas altas y dardos y lechuzas.
(De las calles de Lima: tierra,
                              tierra,
                              tierra,
                              un poco de vidrio molido).

THREE ECLOGUES

1 Rain (London)

The first rains are a chance to get into bed,
the next for your shoes to split and squeak like damp chalk on a
    blackboard,
for the house to get flooded (+ lichen + moss + snakes),
for your liver to grow fat like a war song,
and afterwards silence,
which isn't going to end even if the rain does stop.

2 Sun (Bournemouth)

I never saw the sun so white—not even that summer
when Punta Negra was redder than a Martian landscape nor in the
    landscapes
of my old memory—
and this sun rolls through my whole room and fills it
like the fat glistening oxen that fill the air,
and the fox goes with his mate
and the monkey with his mate,
and the stag with his mate,
opening their suave backs to the heat
while the light washes away the blood and fungi that winter left
    behind.
The rats emerge, nibble
indifferently at the grass, the feet of unwary lovers,
the thin partridges of the light.

3 Wind (Haut-de-Cagnes)

The wind fucks me up,
even if it's literary like the Mistral that
                  prowls
                  through
                  my
                  house
names hotels and wines
tangling my hair which I want to keep tidy like a farm
every plant, every animal in place.
When it comes from the water it brings sand, shipwrecked sailors,
    planks from wrecks
which it calmly plants between my eyes.
From the forests: thorns, tall branches and spikes and owls,
(From the streets of Lima: dust,
                dust,
                dust,
                and a little ground glass).

(W.R.)

HOSPITAL DE BROUSSAILLES EN CANNES

Casi no hay diferencia entre el Palacio de los Deportes y este
    Hospital
Para los 2 sopla el viento y brilla el sol y los turistas
no chillan en ninguna de sus puertas
(Allá tienen el Fuerte Fenicio reconstruido por Trajano
                            reconstruido por el Duque de Savoya
                            reconstruido por Grimaldi
                            reconstruido por De Gaulle)
El Hospital y el Palacio son blancos
El Hospital y el Palacio 1 son franceses
                        2 son de cemento
Son el Titanic y el Ile de France encallados a unos cuantos kiló-
    metros del agua
Son el Plan Marshall
El Palacio está lleno de jóvenes que practican deportes
En el Hospital estoy yo y me han sacado
                        / 4 tubos de sangre
                        6 botellas de orines
                        una radiografía
                        2 encefalogramas
                        un electrocardiograma
Mientras el sol calienta y se organiza el Festival de Cine
a mí me duelen los huevos la memoria las últimas costillas vola-
    doras.

BROUSAILLES HOSPITAL IN CANNES

There's almost no difference between the Sports Stadium and this
    Hospital
The breeze fans them both, the sun shines on both and their gates
    are free of the jabber of tourists
(They've got the Phoenician Fort restored by Trajan
                        restored by the Duke of Savoy
                        restored by Grimaldi
                        restored by De Gaulle)
The Hospital and Stadium are white
The Hospital and Stadium are 1 French
                        2 of concrete
The Titanic and the Ile de France beached a few kilometres from
    the water
They're the Marshall Plan
The Stadium is full of youths practicing sports
I'm in the Hospital and they've had from me
                        4 tubes of blood
                        6 bottles of urine
                        an X-ray
                        2 encephalograms
                        and an electrocardiogram
The sun's warm and they're organizing the Film Festival
while my balls   memory   and floating ribs are hurting me like
    hell.

(D.T.)

POR LA NOCHE LOS GATOS O MIS OCHO VECINOS PENSIONADOS DE GUERRA (CAGNES-SUR-MER)

Todos los gatos de la región son un ruido en el techo,
igual que el de los reos fondeados entre bolsas en un hueco del río
—ritos de amor, ritos de combate—
hasta que se descuelgan ya muertos o cansados para asediar mi
    casa,
se revuelven
como tribus de arañas en el fondo del agua, me reclaman
un lugar en el lecho y de comer según los usos del último tratado
—alianza concertada con el viejo que dio nombre a los gatos.
sembró las margaritas, los geranios
(donde orino cuando estoy apurado),
comió sobre esta mesa,
durmió sobre esta cama,
murió sobre esta cama
como un sapo.
Las moscas de mi mesa son las mismas que engordan en la mesa
de mis 8 vecinos pensionados de guerra,
son de vuelo pesado y paso torpe, mansas para la muerte, son
    el día.
Por la noche los gatos.
                Allá vuelven.
Cierro la puerta con 2 vueltas de llave, toco madera.

AT NIGHT THE CATS OR MY EIGHT NEIGHBOURS
—WAR-PENSIONERS (CAGNES-SUR-MER)

All the cats of the neighbourhood are a racket on the roof,
like that of convicts trussed in sacks and dumped into the deep
    pools of some river
—the rites of love, the rites of combat—
until they come down half-dead or exhausted to besiege my house,
milling around
like tribes of spiders at the bottom of the sea, claiming
a place in my bed and food according to the terms of the last
    treaty
—an alliance arranged with the old man who named the cats
and planted the daisies and geraniums
(where I piss when I'm in a hurry),
who ate at this table,
slept in this bed
and died in this bed
like a toad.
The flies round my table are the same that fatten at the tables
of my eight neighbors—war-pensioners,
they fly heavily, torpid, easy to swat, they're the day.
At night the cats.
                Now they return.
I lock the door with two turns of the key and touch wood.

(D.T.)

FIN DE TEMPORADA EN EL MEDITERRANEO
(AQUI NO SE HABLA DE PESCADORES)

Ni hablar del cementerio submarino —apenas un montón de botes
    muertos: balandros, veleros de carrera, y yates (tipo 1, tipo 2).
Es fácil deducir cuánto-qué-cómo comen los vecinos por las latas
    abiertas y tiradas en el patio de atrás.
Una vela es a crédito, al contado son dos. La grasa para un año:
    burguesía inexperta / Enrique el Navegante: para un fin de
    semana.

El viento de la noche hizo saltar un yate y un balandro (bandera
    de Liberia) contra el bosque de pinos.
Y hoy se han dedicado a rescatarlos, a cubrirlos con toldos, ama-
    rrarlos a los postes de playa.
Y algunos renovaron los plazos del seguro —que llegado el otoño
    es más barato. Ahora hasta el verano
Enrique el Navegante y los demás se van a controlar las pulsa-
    ciones, lazúcar en la sangre.
Dos escuadras de guerra los protegen del hielo y de los vientos.

Yo, espero que las aguas se separen y vuelvan a juntarse y todo
    quede limpio y azul. Como en el mapa.

END OF A SEASON ON THE MEDITERRANEAN
(HERE FISHERMEN ARE NEVER MENTIONED)

Let alone the underwater cemetery—a stack of dead boats: sloops,
　　racing schooners and yachts Mark 1 and 2.
It's easy to guess how-much-and-what the neighbors eat by the
　　empty tins thrown on the patio at the back.
One sail means credit, two cash down. Grub for a year:
Bourgeois and amateur/Henry the Navigator for a weekend.

The night wind has swept a yacht and a sloop (Liberian flag)
　　aground against a pine wood.
And they've devoted the day to rescuing them, covering them with
　　canvas and securing them to stakes along the beach.
Some have extended their terms—cheaper in the autumn. And
　　from now until next summer
Henry the Navigator and the rest are going to carefully check their
　　pulse rates and the sugar in their blood.
Two naval flotillas will protect them from the ice and winds.

And I'm waiting for the waters to divide and join again until
　　everything is clean and blue. Like on the map.

(D.T.)

CONTEMPLACION DEL MEDITERRANEO
+ LEONARD COHEN

Tu primera actividad consiste en apedrear a las gaviotas, mas
siempre convencido de no poder tocarlas ni en la tierra ni al
vuelo.
Después la parte literaria.
Y poco a poco te hundes entre esa gran postal que no te atreverías
a mandar nunca a nadie.
Mar azul / gaviotas blancas / cielo azul —menos que el mar /
sol redondo / aguas calientes —al ojo por lo menos / pinos /
geranios / acantilados / rocas.
Al fondo un barco de la línea italiana.
Piensas en puentes y constelaciones y sextantes y en esa borra-
chera con buen Chianti el día que Bernales viajó a Roma.
Fue un muelle del Callao y sin embargo los restos de argonautas
que llegaban al puerto eran los mismos que llegan a esta playa,
como si siempre tuvieses que vivir del lado donde acaba el hori-
zonte.
Y las algas se enredan no sólo entre los cuerpos de víctimas nota-
bles sino entre los vecinos que ya te has olvidado y recuerdas
de golpe.
>   *Suzanne takes you down*
>   *to her place near the river*
y terminas mandándoles postales a los muertos de dos genera-
ciones.
>   Y en tus muertos archivas a aquél que está en la roca más
>   alta de la playa
>   *you can hear the boats go by*
para otear ese viento, controlar el buen curso de las aguas, salu-
darte con una bandera cuando el barco regrese hasta la rada
desde donde salió.
>   *you can stay the night beside her*
Y un buen día bajo un cielo alto / azul /despejado —pasará a
los anales de la historia de Lima— anclarán en la arena los
restos de esa nave ya sin remordimientos o algo que salvar.
>   *and you know that she's half crazy*
Como a la morsa sin pulmones que las aguas devuelven en medio
del verano, no le hallarás ni origen ni final —ni posición en
la historia.
>   *but that's why you want to be there*
Sólo sabes que las aguas saladas la han librado de una descom-
posición violenta, de la peste, si consideras su tamaño, especie,
condición.
Y al llegar a la playa vas a volverte arena entre la arena, tan
rápido, que ni las moscas más veloces podrán darte un mor-
disco.
>   *and she feeds you tea and orange*
>   *that come all the way from China*

CONTEMPLATING THE MEDITERRANEAN
+ LEONARD COHEN

The first thing you do is throw stones at seagulls, though you know
    you'll never touch them in flight or on the ground.
Then the literary part.
And gradually you sink into that big postcard you'd never dare
    send anyone.
Blue sea/white seagulls/blue sky—paler than the sea/round sun/
warm waters—to the eye at any rate/pine trees/geraniums
    /cliffs/rocks.
In the background a ship of the Italian Line.
You think about bridges and constellations and sextants and that
    booze-up with good Chianti the day Bernales left for Rome.
It was a wharf in Callao and yet the remains of Argonauts which
    reached that port were the same ones that wash up on this
    beach,
as if you always had to live on the side where the horizon ends.
And the seaweed gets tangled round the corpses not just of famous
    victims but of neighbours you've forgotten and suddenly
    remember
      Suzanne takes you down
      to her place near the river
And you end up sending postcards to the dead of two generations.
And among your dead you insert the man who's standing on the
    highest rock on the beach
      you can hear the boats go by
to keep an eye on that wind, supervise the movement of the
    waters, wave a flag at you when the ship returns to the
    anchorage it left from.
      you can stay the night beside her
And one fine day under a high/blue/clear sky—it'll go down in the
    annals of Lima—the remains of that ship without remorse now
    or anything left to save, will come to anchor in the sand,
      and you know that she's half-crazy
like the lungless walrus thrown up by the waters in midsummer,
    you won't find the beginning or end of it—nor its place in
    history.
      but that's why you want to be there
You only know that the salt waters have delivered it from violent
    decomposition, from the plague, if you consider its size, species,
    condition.
And when you get to the beach you'll become sand among the
    sand, so fast even the quickest flies won't manage to bite you.
      and she feeds you tea and oranges
      that come all the way from China

Convengamos en que has muerto bajo arpones de barcos extranjeros, bajo virus de los otros océanos y dominios.

Suzanne takes your hand
and she leads you to the river
she es wearing rags and feathers
from Salvation Army counters

Y ahora ves las cosas más claras que el lomo de un lenguado entre la red, más que un gallo lavado por las aguas hirviendo.

Ya no eres un islote de esqueleto baboso y sin historia:

eres la arena que se amontona en la puerta de tu casa, y de una vez por todas.

Let's agree that you've died under the harpoons of foreign ships,
   under viruses of other oceans and dominions.
      Suzanne takes your hand
      and she leads you to the river
      she is wearing rags and feathers
      from Salvation Army counters
And now you see things more clearly than the back of a sole in
   the net, than a cock cleaned in boiling water.
You're no longer a slavering skeleton, an island without history:
you're the sand that builds up at the door of your house, once and
   for all.

(W.R.)

OTRA VEZ EL INVIERNO + "DOS INDIOS" DE ALFREDO BRYCE

> —Regreso al Perú, dijo sonriente
> y optimista. La sonrisa y el op-
> timismo le quedaban muy mal.

Las presiones bajas han llegado con los vientos del norte —den-
   sidad de las lluvias:
1.4 pulgadas & 90% de humedad. Y yo sigo en Europa.
Tengo que salir entre las olas, preguntar / cuánto cuesta el pasaje
   para Lima.
Pero no tengo paraguas,
porque yo nunca tuve paraguas,
nadie en Lima tiene paraguas.
Cierto es que ya he comprado 2 ó 3 desde que habito en el fondo
   del mar,
pero los he perdido como he ido perdiendo a mis amigos / el
   tiempo / las esposas.
De todas-todas voy a ponerme un techo en la cabeza —Times,
   Le Monde, Nice Matin—
y enterrarme entre los vientos y las olas, salir de mi covacha: es
   el momento.
Salir de mi covacha, si no salgo
me he de comprar una cama de dos plazas,
                    unas botas de jebe,
                    una estufa de gas,
y así nunca sabré cuál es el precio de un pasaje al Perú.
Y me voy a quedar entre las villas, mosqueando entre
      las tribus
      de Niza que me dicen
lo mismo que una foto de familia de una vieja familia que nunca
   conocí.

Tengo que volar a Lima, aunque temo
no poder reconocerme entre la foto / de mi foto en familia.

WINTER AGAIN + "DOS INDIOS" BY ALFREDO BRYCE

—I'm returning to Peru, he said, smiling and optimistic. But neither the smile nor the optimism suited him—

A trough of low pressure has arrived with the winds from the
   north—precipitation
1.4 inches and humidity 90%. And I go on living in Europe.
I shall have to leave with the tide/find out how much it is to Lima.
For I've no umbrella,
I've never had an umbrella,
no one in Lima has an umbrella.
True I've bought 2 or 3 since I've been living at the bottom of the
   sea,
but I've lost them just as I've been losing my friends and my
   wives/wasting my time.
Somehow or other I'm going to put a roof over my head—*The
   Times, Le Monde,* or *Nice Matin—*
and bury myself among the winds and waves, leaving my shack:
   the time has come.
To leave my shack, for if I don't
I'll have to buy a double bed
                  a pair of rubber boots
                  a gas-heater,
and then I'll never know the price of a ticket to Peru.
I'll remain among the villas, flitting among the tribes of Nice who'll
   go on telling me
the same things as a family photo of an old family that I've never
   met.

I've got to fly to Lima, though I'm afraid
I'll not be able to recognize myself in the photo/in my own family
   photograph.

(D.T.)

EN EL 62 LAS AVES MARINAS HAMBRIENTAS LLEGARON HASTA EL CENTRO DE LIMA

Toda la noche han viajado los pájaros desde la costa
—he aquí la migración de primavera:
las tribus y sus carros de combate sobre el pasto, los templos, los
     techos de los autos.
Nadie los vio llegar a las murallas, nadie a las puertas
—ciudadanos de sueño más pesado que jóvenes esposos—
y ninguno asomó a la ventana, y aquellos que asomaron
sólo vieron un cielo azul-marino sin grieta o hendidura entre su
     lomo
—antes fue que el lechero o el borracho final— y sin embargo
el aire era una torre de picos y pellejos enredados,
como cuando dormí cerca del mar en la Semana Santa
y el aire entre mi lecho y esas aguas fue un viejo gallinazo de las
     rocas holgándose en algún patillo muerto
—y las gaviotas-hembra mordisqueando a las gaviotas-macho y
     un cormorán peludo rompiéndose en los muros de la casa.

Toda la noche viajaron desde el Sur.
Puedo ver a mi esposa con el rostro muy limpio y ordenado mien-
     tras sueña
con manadas de morsas picoteadas y abiertas en sus flancos por
     los pájaros.

IN 62 THE STARVING SEABIRDS REACHED
THE CENTER OF LIMA

All night the birds have travelled from the coast—it's the spring
    migration:
the tribes and their chariots over the pastures, the temples, the
    roofs of the cars.
Nobody saw them reach the walls, nor the gates
—the citizens sleeping more heavily than young couples—
and none appeared at the window, and those who glanced out
saw only a navyblue sky without crack or fissure
—it was before the milkman or the last drunk—and yet
the air was a tower of beaks and tangled feathers,
like the time I slept by the sea during Holy Week
and the air between my bed and the water was an old vulture of
    the rocks enjoying itself with some dead bird
—and the female gulls pecking the male gulls and a crested cor-
    morant dashing itself against the walls of the house.

All night they travelled from the South.
I can see my wife with her clean neat face, dreaming
about herds of walrus their flanks pecked open by the birds.

(D.T.)

SALE FILIS Y ENTRA CINTIA, Y SALE CINTIA TAMBIEN

La estación, Cintia, es pasada en que nuestra alegría era sentarnos
    en las piedras del lago a diferenciar esquifes de trirremes,
mientras convertíamos ese pueblo de 200 habitantes en una inmen-
    sa cama —flauta y clavicordio para 2 extranjeros perdidos y
    hallados en un viejo Volkswagen.
Y hubimos de buscar nuevos auspicios para ese nuevo techo, sin
    mirar las aguas que regresan donde fuimos ya hermosos en los
    usos del amor —la cópula, el cansancio— y en esa gran de-
    rrota:
final de los Ausburgos y los Mayas, comienzos de nuestra Era.
"El mar lo lava todo", mas la nieve guarda el sol y las lluvias de
    las 4 estaciones para aquellos
que otra vez ordenamos los ritos de la euforia y otros ritos que
    creíamos muertos desde el último golpe entre viejas batallas.
Y así fuimos más alegres que Ariadna librada por Teseo, más que
    Ulises volviendo a la casa y familia que hallar ya no esperaba.
Y en ti desembarqué como el sobreviviente del naufragio más
    grande que se tiene memoria. Y tú fuiste mi puerto.
Tribu, paternidad, himeneo, la misma nave entre los mismos mue-
    lles. Mr. Finn ha pintado su carro de amarillo, el gato de los
    Durbank se orina entre las dalias, y en mi cama
ladran los viejos dioses que fundaron ese hogar en la roca más
    alta de Ayacucho, la más dura de todas.
—sólo historias que fueron ya arrastradas por un río revuelto que
    otro río arrastró.
Mas el presente, Cintia, son los dioses que has devuelto a mi casa,
    las frutas en mi mesa, tu canto entre mi lecho,
estas hogueras que todos pueden ver en todas las ventanas, abier-
    tas como el júbilo otra vez.

. . . .

(*mayo* 1970)

Ahora que trabajas en la BOAC y a 1000 horas de vuelo de mi
    casa, ahora que he olvidado tu segundo apellido, este tono ro-
    mano ya no tiene ni chiste ni final.

EXIT PHYLIS, ENTER CYNTHIA AND
EXIT CYNTHIA TOO

The season's past, Cynthia, when our joy was to sit on stones by
    the lake distinguishing skiffs from triremes,
while we turned that town of 200 inhabitants into an immense
    bed—flute and clavichord for 2 foreigners lost and found in an
    old Volkswagen.
And we had to search for new omens for that new roof, without
    turning to look across the waters that would carry us back to
    where we'd been inimitable in the habits of love—copulation,
    weariness—and in that great defeat:
end of the Hapsburgs and the Mayas, the beginning of our era.
"The sea washes everything," but the snow preserves the sun and
    the rains of 4 seasons for those of us
who once again decree the rites of euphoria and other rites we'd
    believed extinct since the last blow struck in old battles.
And we were happier than Ariadne freed by Theseus,
than Ulysses returning to the home and family he no longer
    expected to find.
And in you I disembarked like the survivor of the worst shipwreck
    in memory. You were my port.
Tribe, paternity, marriage, the same ship between the same wharfs,
    Mr. Finn has painted his car yellow, the Durbank's cat pees
    among the dahlias, and in my bed
the old gods which founded that home on the highest and hardest
    rock in Ayacucho are barking again
—only tales swept along by a turbulent river that another river has
    absorbed.
But the present, Cynthia, is the gods that you've brought back to
    my house, the fruit on the table, your song in my bed,
those fires that everyone can see through all the windows, open
    again as if in celebration.

. . . .

(may 1970)

Now that you're working for BOAC and are 1000 flight-hours from
    my house, now that I've forgotten your second-name, this
    classical tone has neither wit nor resolution.

(D.T.)

DOS SOBRE MI MATRIMONIO UNO

1

"Una vez que la fragata fue amarrada en el muelle,
Ursula bajó a tierra y la siguieron
más de 11000 muchachas que tampoco conocían varón".
Y me topé contigo, Recién Desembarcada.

2

Yo construí un hogar sobre la piedra más alta de Ayacucho, la
    más dura de todas,
guardado por el puma y el halcón y bajo techo / una fogata re-
    donda y amarilla.
Pero poco quedaba por ganar: apenas fue el final de esa alegría
    guardada y desgastada entre los años
—hace siete veranos por ejemplo,
gloriosos y enredados junto a las grandes olas y lejos de los ojos
    de tu tribu.
Pero cualquier chillido —un pelícano herido, una gaviota— podían
    devolverte el viejo miedo,
y entonces / volvías a cruzar los muros de tu tribu por la puerta
    mayor
—el pelo y las orejas / eran toda la arena de la playa.
Y es el miedo que nunca te dejó, como la ropa interior o los
    modales.
Qué fue eso de casarse en una iglesia "barroco colonial del XVII
    en Magdalena Vieja"
—pero la arquitectura no nos salva.
Verdad que así tuvimos un par de licuadoras, un loro disecado,
    4 urnas, artefactos para 18 oficios, 6 vasijas en cristal de Bohe-
    mia y 8 juegos de té con escenas del amor pastoril (que los
    cambiaste por una secadora de pelo y otras cosas que nadie te
    había regalado).
Así, muchacha bella, cruzaste el alto umbral (bajo el puma de
    piedra, el halcón de piedra,
la fogata que da luz a los dos lados del valle de Huamanga —ban-
    deras que a la larga también se hicieron mierda).
Ahora ni me acuerdo de las cosas que hablabas —si es que ha-
    blabas,
de las cosas que te hacían reír —si es que reías,
y no puedo ni siquiera elogiar tu cocina.
Fuiste un fuerte construido por el miedo (imagen medieval) que
    no supe trepar o que no pude.
Ahora ni me acuerdo si es que fuiste un fuerte construido por el
    miedo (imagen medieval),
ni si supe trepar ni si no pude.

Escribir este poema me concede derecho a la versión.

TWO POEMS ON MY FIRST MARRIAGE

1

"As soon as the frigate was tied up at the wharf,
Ursula went ashore and was followed
by more than 11,000 girls who also had known no man."
And I bumped into you, the Recently Disembarked.

2

I built a home on the highest and hardest rock in Ayacucho,
guarded by the puma and the hawk and beneath the roof/a round
    and yellow fire.
But little was left to accomplish: it was almost the end of that joy
    sustained yet eroded by the years
—seven summers ago, for example,
gloriously entangled next to those huge breakers and far from the
    eyes of your tribe.
But any scream—a wounded pelican or a seagull—could bring back
    your old fear
and then you returned via the main gate behind the ramparts of
    your tribe
—all that was left of the beach/the sand in your hair and ears.
And that fear never left you like your underclothes and manners.
What was that about our getting married in a church "18th cen-
    tury colonial-baroque in Magdalena Vieja"
—but architecture cannot save us.
True we had a couple of blenders, a stuffed parrot, 4 coffee-pots,
    appliances for 18 different jobs, 6 vases of Bohemian crystal
    and 8 tea-sets engraved with scenes of pastoral love (that you
    exchanged for a hair-dryer and a few other things no one had
    given you).
So, my beautiful girl, you crossed the tall threshold (beneath the
    stone puma and the stone hawk,
the fire that lit up the two sides of the Huamanga valley—banners
    that at length turned into shit as well).
Now I can't remember the things you talked about/if in fact you
    talked about anything
nor the things that made you laugh—that is if you did laugh,
I cannot even praise your cooking.
You were a fort built by fear (medieval image) that I didn't know
    how to assault or couldn't.
Now I can't even remember whether you were a fort built by fear
    (medieval image),
nor whether I knew how to assault you/or was simply unable to.

And writing this poem gives me the right to this interpretation.

(D.T.)

DE LA NATURALEZA Y EL AMOR

1, El Reino Vegetal —frutos de exportación:
mandarinas, naranjas. 2,
El Reino Mineral —edificios históricos:
templo románico sobre la colina
(granito). Subimos, mi señora,
a ofrecer las banderas de ningún caballero,
como el trigo y la paja confundidos
antes de la fogata. Y he aquí
que holgamos en las tumbas de los hombres gentiles
—prósperos sembradores de Mirmande.
Y usted fue tan alegre como yo
a pesar de los vientos del Norte
y esos escarabajos: 3, Reino Animal.

OF NATURE AND LOVE

I, The Vegetable Kingdom—fruits for export:
mandarins and oranges. 2,
The Mineral Kingdom—historic buildings:
Roman temple on the hill
(granite). We went up, my lady,
to offer the banners of no gentleman,
like wheat and chaff indistinguishable
before the bonfire. And there
we enjoyed ourselves between the tombs of respectable men
—prosperous planters from Mirmande.
And you were as happy as I
in spite of the northern winds
and those beetles: 3, Animal Kingdom

(D.T.)

LONDRES VUELTO A VISITAR (ARTE POETICA 2)

London's burning
London's burning

Por qué demonios tuve que volver a buscar esos muertos que ya
    otros habían enterrado.
8 Gloucester Road, 10 Redcliffe Gardens, Earls Court, Nevern
    Square, Metro de Sloane.
Coliseos después de los cristianos, cáscaras de huevo destruidas
    y armadas a lo largo de todo mi destierro.
"Las ciudades son las gentes que dejas". Y qué había dejado sino
    cuentas del Kensington, la casa sin pagar.
Mis amigos se aburrieron de mi pena, y yo de leer versos para
    caer en gracia. Al fin y al cabo
las iguanas no podían echarle la pelota a sus agallas porque ya no
    servían, ni aullar por sus aletas llenas de uñas:
no había más remedio que saltar a la tierra (fin de la Era Ter-
    ciaria).
Pero es bravo saber cómo y cuándo se pasa de ese Antes De Cristo
    al Después De,
si uno sale a la calle el día uno (siendo el siglo primero) y cree
    que es un viernes 24
(esto suena a Vallejo) y encuentra un Daily Mirror en el Metro
    y se entera que es jueves.
De ahí la explicación porqué Bernini perdió su clientela —prós-
    pera, al día en las noticias—
haciendo planos amplios, detallados del Gran Renacimiento cuando
    el mundo pasaba al corral del Barroco.
Ahora lo sabemos.
Elsham Road. Allí está la casita donde íbamos a ser / felices
    como chanchos.
Y el griego de la esquina que no me reconoce todavía. Cómo de-
    cirle "he vuelto después de casi un año",
si aún no me comprende cuando pronuncio harina, lechuga, perejil
    (ah los griegos son duros de la oreja).
Mi primera esposa se quedaba dormida antes de los horarios con-
    venientes, mis amigos
practicaban costumbres parecidas. Y el mundo es terminar chu·
    pando con algún sudafricano
negro, con algún sudafricano blanco (a favor de los negros) y
    una reja
que en la noche rechina y te entusiasmas y entonces te imaginas
    a un viejo visitante:
la muchacha que juró perseguirte por las siete provincias, un dra-
    maturgo inglés con yerba en los bolsillos. Una gorda que re-
    gresa cansada, que trepa a su covacha, eructa —no te saluda
    más.

RETURN VISIT TO LONDON
(Ars Poetica 2)

> *London's burning*
> *London's burning*

Damn it, something made me come back to look for those dead the
  others had already buried.
8 Gloucester Road, 10 Redcliffe Gardens, Earls Court, Nevern
  Square, Sloane Square tube-station.
Coliseums after the Christians, eggshells shattered and put back
  together during my exile.
"Cities are the people you leave behind." And I'd left nothing but
  bills in Kensington and unpaid rent.
My friends were bored with my way of life and I of reading poetry
  to impress them. And finally
the iguanas could no longer blame their gills for being useless, nor
  bemoan their fins which were full of claws:
There was no other solution but to take to the land (end of the
  Tertiary. Era).
But it's tough knowing how and when to cross from BC to AD,
if you go out on day one (of the first century) believing it's
Friday 24
(this sounds like Vallejo) and find a Daily Mirror in the tube and
  realize it's Thursday.
That's how Bernini lost his patrons—the wealthy, up to date with
  the news—
making expansive and detailed plans in terms of the early
  Renaissance when the world had entered the corral of the
  Baroque.
Now we know it.
Elsham Road. There's the little house where we were going to
  be/happy as pigs.
And the Greek on the corner who still doesn't recognize me. How
  can I tell him "I've returned after almost a year,"
when he still doesn't understand me when I ask for flour, lettuce,
  parsley (ah those Greeks are hard of hearing).
My first wife used to fall asleep too early, my friends had similar
  customs,
so I ended up boozing with other exiles, some black South Africans
and a white South African (in sympathy with the blacks) and a
  gate
creaks in the night and you get carried away remembering old
  visitors:
the girl who promised to follow you through the seven provinces,
  an English playwright with marijuana in his pocket, and a fat
  girl who comes home tired, climbs to her room, belches—but no
  longer says 'hello.'

Por todas esas cosas nunca vale la pena volver a las ciudades (ni habitarlas).

Y aquí, en la frontera con Italia, otra reja rechina. Es el Mistral, es la gorda extranjera que te eructa.

A veces piensas que si fuese la Muerte también te alegraría (y esto resuena a Heraud).

Y en Lima rechinaban esas rejas, y una y otra vez eran la misma, la redonda impostora, la que eructa: Ceniceros repletos.

el humo como un choro entre su concha (bajo el viejo silencio del primer cigarrillo), y en la calle

te es la misma vaina treparte al colectivo que va al Norte, treparte al colectivo que va al Sur

("un laurel viejo de las manos del propio Virgilio y de manos de Erasmo una medalla rota").

Me parece mentira que no aprendas.

Ya van a repetir —si lo repiten— que rampas entre tonos y entre temas de algún Romanticismo.

Sea el Arte Poética   El libro de mis libros se acabó

Because of these things it's never worth returning to cities (or
    living in them again).
And here on the frontier with Italy, another gate creaks. It's the
    Mistral, the fat foreign girl who burps.
And at times you almost believe that if it were Death it would also
    please you (and that sounds like Heraud).
In Lima those gates used to creak, it was always the same gates,
    the plump phoney girl who burps: ashtrays overflowing,
smoke like a mussel in its shell (beneath the old silence of the first
    cigarette) and in the street
it's the same damn thing, jumping into a taxi that's going to the
    North or jumping into a taxi going to the South
("an old laurel-leaf from the hands of Virgil himself and a broken
    medal from the hands of Erasmus").
It seems like a lie that you never learn.
And people are going to say—if they say anything at all—that
    you're stuck between tones and themes of some Romanticism.
Let that be the Art of Poetry. The book of my books is done.

(D.T.)

HOMENAJE A ARMANDO MANZANERO
(ARTE POETICA 3)

Ya no sé si esta tarde vi llover es de armando manzanero o es el
　　canto primero de mi primera infancia
y de nada han servido las sílabas contadas y vueltas a contar　la
　　guerra santa contra el lugar común de nada el amor viejo por
　　el viejo arnold schoenberg
no es cosa de explicarse como mann o la muerte en venecia "así
　　a la tarantella del café dejé dormir al crítico que yo era"
sólo que ya no hay lenin ni martí que puedan devolverme la casa
　　de ayacucho (no esa casa) y los ojos tranquilos
los libros son adobes de una torre que nunca edifiqué tu peux lire
　　en francais　in english too　a gran velocidad en castellano
mas ya no hay corazón que aguante a robert lowell ni hay más
　　hígado libre
qué mal le fue a vallejo y sin embargo creía (y su buen poco) en
　　"las auroras rojas de los pueblos"
ahora a cada almuerzo me negocian con mi tribu y mis animalitos
　　como al canal de suez　los votos de la onu　los cohetes de
　　combate　el puerto de hong kong
esta tarde vi llover vi gente correr y no estabas tú　y si a usted
　　no le importa un carajo / no escribo para usted
soy yo quien sembró el árbol　tuvo el hijo　escribió el libro y
　　todo lo vi arder 100 años antes del tiempo convenido.

HOMAGE TO ARMANDO MANZANERO
(Ars Poetica 3)

I don't know anymore whether *esta tarde vi llover* is armando man-
    zanero's song or the first song of my childhood
and the syllables counted and re-counted   the holy war against
    the cliche have been no use nor my old love for old arnold
    schoenburg
you can't explain it like mann or death in venice 'so to the sound
    of the tarantella in the cafe I let sleep the critic in me'
only that there's no lenin nor marti can give me back the house in
    ayacucho (not that house) and the calm in my eyes
books are bricks in a tower I never built *tu peux lire en*
    francais in english too very fast in spanish
but the heart that could take robert lowell and the untrammelled
    liver have gone
what a bad time vallejo had of it though he still believed (a good
    bit too) in the "red dawns of the peoples"
nowadays, with my tribe and my animals I'm negotiated every
    lunch-time like the suez canal votes in the UN nuclear
    missiles hong kong
tonight I saw it raining I saw people running and you weren't there
    and if you don't give a fuck/I'm not writing for you
I'm the one who planted the tree had the son wrote the book
    and saw it all go up in flames 100 years before the agreed time.

(W.R.)

EL REY LEAR

Quiero que mi hijo tenga lo que yo
no tuve

Déjese de cosas: usted toma mujer y se hace de un par de hijos
     y se pasa
la vida en sus trabajos ni limpios ni muy sucios hasta apilar 100
     columnas de monedas de cobre abajo de la cama
y después con el tiempo —usted es de usos honrados salvo que
     la honradez etcétera—
guarda 2,000 columnas más en el ropero y 60 en el techo del baño
     y entonces
es el viejo monarca que va a construir un castillo en tierras de
     frontera
antes de su muerte y antes de la muerte del mayor de sus hijos,
     "con el baño completo en los altos y un bañito en la entrada"
y entre las arenas y el torreón del oeste sembrará los manzanos
     y el bosque de los robles
que serán una soga entre sus hijos y los hijos de sus hijos y los
     otros que lleven su nombre,
pero sabe que se puede enredar en una de esas ramas y Absalón
     —su hijo "el mayorcito, que va a ser ingeniero"—
le abrirá la cabeza en 2 como una palta.
Ahora usted evita las ramas y cambia los bosques por los acan-
     tilados:
sobre la arena mojada su caballo es alegre y veloz, las naves ene-
     migas no embravecen el mar,
sólo el aire que sopla trae el frío de los cascos normandos —"allí
     nomás estaba el gerente general en su carrazo, me hice el que
     no lo vi"—,
pero a ninguno de sus hijos le interesa su guerra con los norman-
     dos ni aprendieron a usar la ballesta,
y usted de la oficina a la casa cuidándose de andar bajo las ramas,
     y otra vez al torreón del oeste
—entre la cocina y el cuarto de fumar: el baño está siempre ocu
     pado y en los cuartos que sobran ni una araña / en la noche
cuando el aire está limpio: la luz de las otras ventanas, los gran-
     des anuncios luminosos,
y usted aprovecha que baje la marea, se ajusta las sandalias de
     venado, el manto: cabalga junto al mar,
y Absalón —el menor "será un gran abogado este muchacho"—
     abre la red sobre la blanda arena y alza su arpón de hueso
—no le gusta—, ya sé, haga su cuenta de nuevo, déjese de cosas:
usted toma mujer y se hace de un par de hijos y trabaja y etcétera

KING LEAR

I want my son to have those things
I never had

Come off it: you take a wife and have a couple of sons and spend
    your life doing work that's neither clean nor particularly dirty,
hoarding up a 100 piles of copper coins beneath the bed
and later on—you're basically an honest guy except that your
    honesty etcetera—
you keep 2,000 more piles in the wardrobe and 60 in the bathroom
    roof and then
you're the old king who's going to build a castle in the lands near
    the frontier
before your death and before the death of your oldest son, "with
    the bathroom upstairs and a little toilet downstairs"
and between the sands and the West Tower you'll plant some
    apple-trees and a plantation of oaks
which will be a link between your sons and theirs and the others
    who bear your name,
but you're also aware a man can entangle himself in such branches
    and Absalom—your son "the oldest who's going to be an
    engineer"—
will split your head in two like an avocado.
Now you dodge the branches and exchange the forest for the cliffs:
your horse is supple and frisky on the damp sand, the enemy ships
    never brave the sea,
only the wind brings the cold air of Norman helmets— "and there
    was the general manager in his flashy car, but I pretended not
    to see him"—
but none of your sons are interested in your war against the Nor-
    mans, they've not even learnt to use a crossbow,
and you go from office to home avoiding the branches and towards
    the west tower
—between the kitchen and the lounge: the bathroom's always oc-
    cupied and in the other rooms there's not even a spider/at
    night
when the air's clean: the light from the other windows, the big
    luminous signs,
you take advantage of the low tide, adjust your deerskin sandals
    and cloak and ride by the sea,
and Absalom—the younger boy "who'll be a great lawyer one
    day"—opens his net on the soft sand and raises his harpoon of
    bone
—you don't like it—, I know that, so do your accounts again, come
    off it:
you take a wife and have a couple of sons and work etcetera until

hasta apilar 100 columnas de etcétera abajo de la cama
y sube el dólar en un 50% y desembarcan los normandos después
   de volar esos torreones nunca construidos
y sus monedas de cobre son cáscaras de huevo que aplasta el aire.
De acuerdo, sus hijos no han salido mejores que usted,
pero igual lo esperan en el bosque de robles y al borde de las
   aguas
y ahora moléstese en buscarlos: ya no sobra otro invierno y esta
   rueda se atraca.

you've got 100 piles of etcetera under the mattress
and the dollar costs 50% more and the Normans land on the
    beaches after blowing up those towers you never built
and your copper coins are eggshells that disintegrate in the wind.
All right then, your sons haven't turned out any better than you,
but just the same they're waiting for you in the oak forest at the
    edge of the water,
so make an effort, go and look for them: there won't be another
    winter and this wheel has stuck.

(D.T.)

SOBRE EL LUGAR COMUN

No es mi culpa si llueve y mi pellejo es el único muro que contiene
la ciudad asediada,
el frío, las tinieblas
y los autos veloces con sus faros brillando entre las aguas como
el ojo del gato,
como tercios en Flandes:
provisiones, cañones, catapultas arman un campamento en campos
de ganado y las colinas,
el estado de sitio
es una imagen del amor cortesano y en los cuadros de locos es
imagen del alma,
y los ojos de un gato
brillan siempre cuando el aire está negro y ya todos lo saben y
en la noche ya no hay quien los confunda con los perros, las
muchachas que escapan de su casa,
entre la lluvia
y el hígado caben el hielo y las tinieblas si no se habla del
Trópico,
de la ciudad sitiada
ya no hay nada que hablar, a los dos lados de las altas murallas
entierran a sus muertos sin ceremonia alguna,
bajo el agua
los tambores redoblan a prudencia, los soldados orinan en la yerba
y a favor de los vientos, nadie se ocupa de las flechas de fuego,
del perol de agua hirviendo,
la muerte, la vejez
y en general las cosas que tienen que ver con el final están repre-
sentadas por tambores tranquilos, aleteos del búho que apa-
cigua,
pausa y silencio
para enterrar los muertos, aquí el símbolo dice que nuestra mitad
sana ayuda o elimina a la maltrecha,
así la salvación
es este sol que gira entre los techos como un cuadro de Turner,
no es mi culpa, nórdico, remojado,
las luces del invierno
altas, curiosas, oblicuas, apreciadas, siempre llegan de golpe y casi
siempre a tiempo,
con la muerte
se acaban las imágenes pero es bueno aclarar que en estas luces
no hay puerta o escalera que trepe al Paraíso,
imagen popular
de Saulo, de Elías, de Jacob, Asunción de la Virgen, Ascensión
del Señor,
es el naranjo
que engorda entre la tierra de los hombres que han muerto, sím-
bolo del Materialismo, y metieron la pata donde ya no la pue-
den sacar:
no hay símbolo ni nombre para esto.

ON THE CLICHE

It's not my fault if it's raining and my own skin is the wall
    that encloses the
                    besieged city
                    cold, darkness
and fast cars their headlamps shining through the water like
    cat's eyes,
        like the Flander's legions:
provisions, canons, catapults arm an encampment in cattle-fields
    and hills,
                the state of siege
is an image of courtly love and in the paintings of the mad
    an image of the soul,
            and the eyes of a cat
always shine when the air's black and everyone knows it and at
    night no one could confuse them with dogs or girls escaping
    from their houses,
                    between rain
and the liver ice and darkness will fit if you're not talking
    about the Tropics,
            as for the besieged city
there's nothing more to say, on both sides of the high walls they
    bury their dead without the least ceremony,
                            under the water
drums beat prudently, the soldiers piss in the grass and down
    wind, no one bothers with fire-arrows or the cauldron of
    boiling water,
                death, old age
and in general things that have to do with the end are represented
    by quiet drums, flutterings of the owl that bring calm,
                a pause and silence
to bury the dead, here the symbol says that our good side helps or
    eliminates the bad,
                    and so salvation
is this sun that spins among the roofs like a Turner painting, it's
    not my fault, nordic and watery,
                    the winter lights
high, strange, oblique, appreciated, always come suddenly and
    nearly always on time,
                    with death
images come to an end but it's right to point out that in those
    lights there's no door or ladder climbing to Paradise
                                popular image
of Saul, Elias, Jacob, Assumption of the Virgin, Ascension of
    Christ,
                it's the orange tree
that grows fat in the land of the men who are dead, symbol of
    Materialism, and they put their foot in it where they can't get
    it out again:
there's no symbol or name for this.

(W.R.)

PART V

The Book of God and the Hungarians

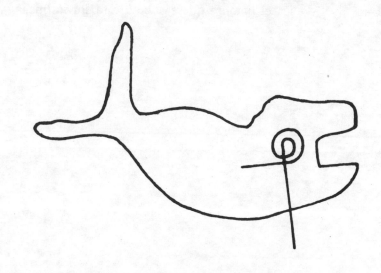

DOMINGO EN SANTA CRISTINA DE
BUDAPEST Y FRUTERIA AL LADO

Llueve entre los duraznos y las peras,
las cáscaras brillantes bajo el río
como cascos romanos en sus jabas.
Llueve entre el ronquido de todas las resacas
y las grúas de hierro. El sacerdote
lleva el verde de Adviento y un micrófono.
Ignoro su lenguaje como ignoro
el siglo en que fundaron este templo.
Pero sé que el Señor está en su boca:
para mí las vihuelas, el más gordo becerro,
la túnica más rica, las sandalias,
porque estuve perdido
más que un grano de arena en Punta Negra,
más que el agua de lluvia entre las aguas
del Danubio revuelto.
Porque fui muerto y soy resucitado.

Llueve entre los duraznos y las peras,
frutas de estación cuyos nombres ignoro, pero sé
de su gusto y aroma, su color
que cambia con los tiempos.
Ignoro las costumbres y el rostro del frutero
—su nombre es un cartel—
pero sé que estas fiestas y la cebada res
lo esperan al final del laberinto
como a todas las aves
cansadas de remar contra los vientos.
Porque fui muerto y soy resucitado,
loado sea el nombre del Señor,
sea el nombre que sea bajo esta lluvia buena.

SUNDAY AT ST. CHRISTINE'S IN BUDAPEST AND A FRUITSTAND NEARBY

It's raining among the peaches and the pears,
their skins shining in their hampers
like Roman helmets beneath the river.
It's raining between the roaring undertow
and the iron cranes. The priest
wears Advent green and a microphone.
I don't know what language he speaks or
in what century this church was founded.
But I know that the Lord is on his lips:
the lutes, the fattest calf,
the richest tunic, the sandals
are all for me,
because once I was more lost
than a grain of sand at Punta Negra
or this rain on the waters
of the tossing Danube.
Because I was dead and then reborn.

It's raining among the peaches and the pears,
fruits in season whose names I don't know, but I do know
their flavors and aromas, the colors
that change with the seasons,
I don't know the customs or the fruitvendor's face
—his name is a placard—
but I do know that these feasts and the fatted calf
await him at the end of the labyrinth
as they do for all birds
tired of beating against the wind.
Because I was dead and then reborn,
praised be the name of the Lord,
praised be any name under this good rain.

(M.A.)

EL PUERCOESPIN
(el dia que Soledad se fue al Perú)

Esa noche vimos al puercoespín.
Un puercoespín en las colinas de Budapest.
Pequeño y peludo nos miraba detrás de un laurel rosa.
El primer puercoespín de nuestras vidas.
Su hociquito dulce y remojado
era el rostro final de Soledad.
Nos miraba con los ojos de boliche que miraban
las nubes del oceano en un avión holandés.
Y fue todo.
Después huyó entre las altas yerbas.
Asustado.

THE PORCUPINE
(The day that Soledad left for Peru)

It was a Dutch plane at noon.
We watched over its flight until it was lost
like an arrow against the sun.

That night we saw the porcupine.
A porcupine on the hills of Budapest.
Small and hairy, he looked out at us from behind the rosebay.
The first porcupine of our lives.
His wet little snout
was that last face of Soledad.
He looked at us with those round eyes that watched
the ocean clouds from a Dutch airplane.
That was all.
Afterwards he fled into the high grass.
Frightened.

(M.A.)

CAFE EN MARTIROK UTJA
(a Frigyes Todero)

Hay una lámpara floreada sobre el piano
y una estufa de fierro.
Bebes el vino junto a la única ventana:
un autobús azul y plata cada cinco minutos.
Pides el cenicero a la muchacha
(alta flor de los campos ven a mí).
La luz del otoño es en tu vaso
un reino de pájaros dorados.
Pero pronto anochece.
Los autobuses no son azul y plata,
el cenicero es una rata muerta,
el vaso está vacío.
La muchacha partió cuando encendieron
la lámpara floreada y tú mirabas
la lámpara floreada.

Puedes pedir otra jarra de vino,
pero esta noche
no esperes a los dioses en tu mesa.

A CAFE IN MARTIROK UTJA
(to Frigyes Todero)

There's a flower-patterned lamp on the piano
and an iron stove.
You drink wine next to the only window:
every five minutes a blue and silver bus.
You ask the waitress for an ash tray
(tall flower of the fields come to me).
The autumn light in your glass
is a realm of golden birds.

But soon night falls.
The buses are no longer blue and silver,
the ash tray is a dead rat,
the glass is empty.
The waitress left when they turned on
the flower-patterned lamp and you were watching
the flower-patterned lamp.

You can order another jug of wine
but don't expect the gods
to come to your table tonight.

(M.A. & D.T.)

TIERRA DE ANGELES

Aquí terminan los álamos.
El tranvía ha llegado a la frontera.
Ni un alma entre las torres.
Ni una torre.
(Chilla un gato en la niebla como un niño peruano).
El muro inacabable de ladrillos
repetidos y rojos como un ojo de mosca,
el café sin ventanas contra un aire de plomo
(fue el café),
la mala yerba en la cerca oxidada
(fue el jardín),
el poste de madera con su lámpara rota
(fue la luz).

Carbón sin brasa, no guardas ni la muerte.
Te sobrevive apenas ese gato
oculto tras la sombra del borracho que cruzó la frontera
en pos de los tranvías amarillos.

LAND OF ANGELS

Here the poplars peter out.
The tramcar has reached the frontier.
Not a soul among the turrets.
Not a single turret.
(A cat in the mist mews like a Peruvian child).
The interminable wall of brick
repetitive and red as the eye of a fly,
the cafe windowless against the leaden air
(it was the cafe),
weeds on the rusty fence
(it was the garden),
the wooden post with its broken lamp
(it was the light).

Coal without a brazier, you cannot even stave off death.
Only that cat
hidden behind the shadow of the drunk who crossed the frontier
in search of yellow tramcars
will survive you.

(M.A. & D.T.)

RAPSODIA AUSTRO-HUNGARA, 1912

En el piso más alto de la casa —fuentes de mármol y rosas talismán— vive la vieja dama del Imperio.

Aunque nadie se acuerda ella recuerda cómo fue destinada a un bello capitán de coraceros al cumplir los quince años.

Y sólo ella recuerda que murió —borracho él— en manos de un borracho cerca de Viena en la Semana Santa.

AUSTRO-HUNGARIAN RHAPSODY, 1912

On the top floor of the house—marble fountains and talisman-
   roses—lives the old lady of the Empire.

Though no one else remembers it she recalls how she was
   betrothed to a handsome captain in the cuirassiers on her
   fifteenth birthday.

And only she remembers that he died—drunk—at the hands of
   another drunkard near Vienna during Holy Week.

(M.A. & D.T.)

TU CABEZA DE ARCANGEL ITALIANO

I
[Jutka]

Tu cabeza de arcángel italiano no se conviene con esos ojos llegados a caballo allende los Urales.
Pero eres bella como una fruta fuera de estación.
(Y dices que tu madre lleva el rostro de las antiguas hembras de los hunos).
Amas los vinos fuertes y abundantes —*el mar de España*, dices— y maldices
la luz de un patrullero a medianoche. Y no tienes papeles.

II
[del padre a Jutka]

—"El laberinto, Jutka, el laberinto. Sin ton ni son rebelde. No conoces
del violín (que detestas) ni del hambre.
Naciste y nuestra casa era una casa vencida por la guerra. Y sin embargo
tuvimos un invierno con pimientos y tocino salado. (Y noches en silencio).
Nada sabes del tiempo en que la gloria era una rata roja —mi amapola— asada en la trinchera.
Tu laberinto, Jutka, tu laberinto. De locos, no de rebeldes.
Crecen los altos pastos en perfecto silencio. Y temes tanta paz.
Amo la paz (no la paz de la oveja). Yo el hijo de la peste me rebelo.
Y no mires así. Aquí nadie ha vendido su alma al diablo, ni soy la mala hierba.
Brilla Mercurio sobre la tierra fresca.
Besa mis manos, Jutka. Ve a dormir".

III

Tras esa puerta quedan —por ahora— hombres y ratas mordiéndose en la vieja memoria de tu padre
—a la espera del sueño de laurel.
Los jóvenes guerreros han llegado a la calle del Pez. El tío Miska —ya muerto en la Cuaresma— grita en mal ruso: al diablo con la guerra, caballeros, la guerra terminó.
Y tú sueñas también. Pero tus sueños no son unos soldados en la calle del Pez.
(Silencio del obús y de la rata —roja como amapola).

YOUR HEAD LIKE AN ITALIAN ARCHANGEL'S

I *(Jutka)*

Your Italian archangel's head doesn't fit those eyes that came on
    horseback from beyond the Urals.
But you're as beautiful as a fruit out of season.
(And you tell me that your mother's face is the same as that of
    ancient Hun women).
You love strong wine in abundance—*El mar de España*, you say—
    and curse
the light of a sentry at midnight. And you don't have any papers.

II *(to Jutka from her father)*

— "The labyrinth, Jutka, the labyrinth. Not a bit of the rebel. You
    know nothing
about the violin (which you detest) nor of hunger.
You were born and our house was a house overcome by war. Yet
    that winter
we still had peppers and salted pork (and nights of silence).
You know nothing of the time when glory was a red rat—my
    poppy—roasted in the trenches.
Your labyrinth, Jutka, your labyrinth. Of lunatics, not rebels.
The tall grasses grow in perfect silence. And you fear so much
    peace.
I love peace (not the peace of the lamb). And I the child of the
    plague, I rebel.
And don't look that way. Here no one's sold his soul to the devil,
    nor am I bad seed.
Mercury shines upon the fresh earth.
Kiss my hands, Jutka. Go to bed."

III

Behind that door—right now—men and rats are gnawing at your
    father's old memory
awaiting the laurel dream.
*The young warriors have reached the street of the Fish. Uncle
    Miska—already dead this Lent—shouts out in bad Russian: to
    hell with war, gentleman, the war is over.*
And you dream too. But your dreams are not about soldiers in the
    street of the Fish.
(Silence of the canon and the rat—red as a poppy).

IV

Naciste cuando el musgo envejecía entre los nuevos puentes sobre
    el río.
Orden y construcción del socialismo.
Y el recuerdo de la guerra era tan sólo un poco de ceniza con el
    viento de invierno.
Mansos días en las verdes colinas bajo el sol.
Pero el orden también era el lamento o el grito oscuro bajo los
    reflectores
y la paz de la oveja
—sonrisa del que busca una casita en las verdes colinas bajo el
    sol.
        (Besas sus manos).

V

[*el sueño de Jutka*]

La Guardia Blanca: Denikin
en los campos de Ucrania.
La Guardia Roja cabalga en la frontera.
No acepta el armisticio ni el reposo.
(Muerte a Denikin
& muerte a los bandidos de Polonia).
Graznan los patos sobre un bosque de abetos.

VI

Graznan los patos y se aman los muchachos bajo este cielo azul
    como sus jeans.
Ignoran el violín y la opereta en el gran laberinto. Nada saben
del tiempo de las ratas. Y temen el silencio a medianoche.
Los grandes autos negros que cruzan el Danubio (azul) son tes-
    timonio
de unos hombres antiguos —rebeldes y ordenados como el cabello
    lacio.

IV

You were born when the moss was growing old between the new
    bridges over the river.
Order and construction of socialism.
And the memory of war was just a fleck of ash on the winter
    wind.
Mild days in the sun on the green hills.
But order was also a lament or a muffled cry beneath the
    search-lights
and the peace of the lamb
—the smile of someone looking for a cottage in the sun on the
    green hills.
                (You kiss his hands).

V *(Jutka's dream)*

The White Guard: Denikin
in the fields of the Ukraine.
The Red Guard rides the frontier.
It accepts neither the armistice nor respite.
(Death to Denikin
and death to the Polish bandits).
The wild ducks honk above a wood of firs.

VI

The ducks honk and the young make love beneath a sky blue as
    their jeans.
They know nothing of the violin nor light opera in the great
    labyrinth. They know nothing
about the time of the rats. And they fear the silence at midnight.
The big black cars that cross the Danube (blue) are testimony
to some old men—rebels and well-ordered like straight hair.

                                                (M.A. & D.T.)

OTRAS DIFICULTADES DEL INVIERNO

La ciudad es una piel de cabra congelada.
Mil ramas sin un pájaro contra el casco de un barco.
El sol es una duna bajo el cielo.
Mi abrigo inglés apenas me protege: me hacen falta las pieles y
los sebos.
Nada me libra de este dolor de orejas. Miro al cielo:
Van los gansos en su viaje hacia el buen Sur.
Con ellos vuelvo.

OTHER WINTER DIFFICULTIES

The city has become a frozen goat's skin.
A thousand birdless branches against the shell of a boat.
The sun is a dune beneath the sky.
My English overcoat scarcely protects me: I need skins and
    blubber.
Nothing relieves this ear-ache. I look up at the sky.
The geese are on their journey towards the good South.
I'll return with them.

(M.A. & D.T.)

CEMENTERIO CALVINISTA EN PRAGA

Día de Difuntos. Cielos morados y luz de patrullero.
Memoria de los rostros que olvidamos (bello cráneo peludo y
amarillo).
Las familias son el gesto conveniente y el pie lento. Las dalias
de papel.
absurdas como un faro en el naufragio.
(No recuerdas el traje azul marino ni su aliento antes del des-
ayuno).
Las trompetas de paja entre la piedra señalan cada muerto.
Familias congeladas —el gesto conveniente y el pie lento—
rezan contra la peste final de los antiguos (el día de su infarto).
Cantar de las familias. Dalias de agua.
No es que los vivos celebren a los muertos.
Célébranse a sí mismos, sabiendo que los muertos son amables
con los desesperados de la tierra.

CALVINIST CEMETERY IN PRAGUE

All Souls Day. Purple skies and the light of a sentry.
Memory of faces that we've forgotten (beautiful hairy yellow
     craneum).
Familias are the suitable gesture and the slow step. The paper
     dahlias
absurd as a beacon in a shipwreck.
(You don't remember the navy-blue suit or his breath before
     breakfast).
Straw flowers between the stones mark each grave.
Frozen families—the suitable gesture and the slow step—
pray against the final plague of the ancients (the day of his
     heart-attack).
Familial chant. Dahlias of water.
It's not that the living celebrate the dead.
They celebrate themselves, knowing that the dead are generous
     toward the despairing of the earth.

(M.A. & D.T.)

MUCHACHA HUNGARA EN HUNGRIA OTRA VEZ

[recuerdo del Perú]

Aquí no soy Sofía la del rancho celeste en los acantilados.

Un cangrejo pesa 300 gramos, tiene 10 patas, 2 antenas peludas
    y es color de ciruela cocido por el fuego.
Su lomo es duro como piedra-pizarra. Pero sus pinzas son más
    duras todavía.
En la playa lo abrimos contra una roca. En la mesa del comedor
    con un martillo azul de picar hielo.
Bajo el lomo están las aguas de coral, los pellejos y cierta carne
    de ordinaria calidad.
Mas la blanquísima carne de las pinzas es perfecta como el viento
    en el verano.
No recuerda ave ninguna ni ganado ni pez.

Aquí no soy Sofía y mi memoria confunde alguna vez aquel sabor
    con un sabor de trucha o de ternera.
Y sin embargo son carnes tan distintas como el fuego y el hielo.

Ahora las colinas amarillas se acercan al invierno. El quinto in-
    vierno desde que he vuelto a casa.
(Y preparo conservas de cebollitas verdes y pepinos).
Esta es mi tierra y aquí he de florecer mientras olvido esa carne
    blanquísima y perfecta.

HUNGARIAN GIRL IN HUNGARY AGAIN

Here I'm not Sophia from the blue hut on the cliff-top.

A crab weighs 300 grams, has 10 legs, 2 hairy antennae and is the
    colour of roasted cherries.
Its back is hard like slate. But its claws are even harder.
On the beach we cracked it against a rock. At the dining-room
    table with a blue hammer for breaking ice.
Beneath its shell are coral waters, membranes and a certain quite
    ordinary flesh.
But the whiter flesh of its claws is as perfect as the breeze in
    summer.
Unlike that of any bird or beast or fish.

Here I'm not Sophia and sometimes memory confuses its flavor
    with the flavor of trout or veal.
Yet they are flesh as different as fire and ice.

Now the yellow hills draw close to winter. The fifth winter since
    I've been back home.
(And I prepare green onions and pickled cucumber).
This is my land and here I'll prosper if I can forget that white and
    perfect flesh.

(M.A. & D.T.)

LOS HELICOPTEROS DEL REINO DEL PERU

Estoy tendido en la cama.
Entre el cielo y el mar graznan los helicópteros.
parecen mil legiones de langostas
aunque son unos pocos en viaje inacabable.
Hace ya más de un año.
                              Graznan y graznan,
mensajes o silencios que yo ignoro. . .
Hace ya más de un año.

Como los pájaros heridos jamás tienen reposo.
Reman en nuestros techos,
                              aterran a los pollos,
                              confunden a los conejos,
                              silencian a los perros.
No hay hombre o bestia que entienda sus caminos,
su viaje inacabable.

Estoy tendido en la cama.
                              No sufro mal alguno.
Sólo que en esta sombra ya no sé cuándo levanta el sol
ni para qué.
             (Graznan y graznan).

                                        octubre 76

HELICOPTERS IN THE KINGDOM OF PERU

I'm stretched out on the bed.
Helicopters honk between the sea and sky.
They seem like a thousand legions of lobsters
although there are just a few on endless journeys.
It's been more than a year now.
                              They honk and honk,
messages or silences that I ignore.
It's been more than a year now.

Like wounded birds that never rest
they skull above our rooftops
                              terrify the chickens,
                              confuse the rabbits,
                              silence the dogs.
No man or beast can understand their ways,
their endless journeyings.

I'm stretched out on the bed.
                    I'm not sick at all.
Except that in this shadow I no longer know when the sun rises
nor why.
          (They honk and honk).

October 76

(M.A. & D.T.)

POR ROBERT LOWELL

> *"Lowell retornaba en taxi a Nueva York desde el aeropuerto Kennedy. Al llegar a destino el chofer se dio cuenta de que el pasajero no se movía constatando que estaba muerto".*
>
> (N.Y. 13.9.77 ANSA)

Del avión al taxi, del taxi al sudor frío, del sudor al diafragma
  cerrado.
90,000 kilómetros de sangre a la deriva en el fondo de un taxi.
Rojos caballos bajando las colinas, evitando las altas hierbabuenas,
corriendo, siendo, riendo.
hundiéndose en las aguas como el sol del Pacífico.
Más libres que un cadáver azul a la deriva.
Sólo tumbos y el chillido del delfín.
Sin duelo alguno en los acantilados. En el fondo de un taxi.

(No hay quien tome tu mano y te consuele y te seque el sudor
y te recuerde —en 14 segundos— el mar Atlántico contra un bos-
  que de pinos
y el orden de la tierra perfecto como una tía vieja).

Azul a la deriva.
No hay duelo en los semáforos que guardan el camino
Ni un abeto en tu puerta todavía.

FOR ROBERT LOWELL

> *"Lowell was returning to New York from Kennedy
> airport in a taxi. When they arrived the driver
> realized that his passenger wasn't breathing and
> found that he was dead.'*
>
> (N.Y. 13/9/77 ANSA)

From the plane to the taxi, from the taxi to cold sweat, from the
    sweat to the collapsed diaphragm.
90,000 kilometres of blood adrift in the back of the taxi.
Red horses descending the hills, avoiding the tall grasses,
running, being, laughing,
plunging into the waters like the sun into the Pacific.
Freer than a blue corpse adrift.
Only white crests and the cry of a dolphin.
No mourning on the cliff-tops. In the back of a taxi.

(No one takes your hand to comfort you and wipe away the sweat
or remembers you—in 14 seconds—the Atlantic Ocean against a
    wood of pines
and the routine of the earth perfect as an old aunt).

Drifting blue.
No mourning in the traffic-lights that line the road.
Nor yet a yew tree in your doorway.

(M.A. & D.T.)

DESPUES DE CORREGIR
LAS PRUEBAS DE AMARU
(Emilio Adolfo Westphalen)

Anochece sobre la línea del tranvía.
Los avisos luminosos de Limatambo
son más lejanos aún que las estrellas.
No hay estrellas.
La fatiga es más larga que este día.
Antes de despedirnos
me invita a su casa.
Bebemos un vaso luminoso
como el último refugio en la tormenta.
No habla. Yo no nombro
tanta bondad, tanta sabiduría.
Y anochece.

AFTER CORRECTING THE PROOFS OF AMARU AT THE PRINTERS/1967
(Emilio Adolfo Westphalen)

Night falls on the tramway.
The neon signs of Limatambo
are more distant than the stars.
There are no stars.
Weariness is longer than the day.
Before saying goodbye
he invites me to his house.
We drink a luminous glass
like the last sanctuary in a storm.
He doesn't talk. I cannot name
such goodness, such wisdom.
And night falls.

(M.A. & D.T.)

PART VI

Chronicle of the Child Jesus of Chilca

The community of Chilca is ... or was ... a community of fishermen and farmers. Until a half a century ago it was an extraordinary green spot in the middle of the coastal desert of Peru. Incan-made canals brought water from the highlands of Huarochiri, 12,000 feet above sea level. The community also owned the salt beds. A clan from Huarochiri maintained the canals in exchange for salt. But the sea buried the salt beds. Thus without a currency for trade, the abandoned canals went to ruin and Chilca became a desert. The community that was consecrated to the Child Jesus began to undergo a process of impoverishment and dispersion. Fish became scarce and people left the land. Years later, with dikes and capital ... not from community funds ... the saltbeds returned. The area was developed ... for exclusive beach resorts. The Confraternity of the Child Jesus had disappeared. Only a few people defended community rights. Dried up and abandoned it was ... or is ... a well of sand in the desert.

No he prendido el lamparín de kerosene desde hace cuatro
    noches.
Mis ojos sin embargo están clavados en la mecha reseca.
Ciego ante las tinieblas como es ciega la polilla ante
    la luz.
Mis ojos de carnero degollado. Pobre mierda: lechuza
    de las dunas.
Y sé que el Niño no premia ni castiga. Aquí no hay Dios.
Y sé que hay luna llena pues me duelen las plantas de los
    pies.
Luna que en un par de horas ya será más oscura que este
    cielo.
Aguas y vientos color de uva rosada.
Y los devotos entonces a la mar —por unos pocos peces.
Y las devotas entonces a los campos —por unos pocos
    higos.
Tanta vaina carajo. El gallo enterró el pico.
Un mar de cochayuyos y malaguas y un arenal de mierda.
Somos hijos de los hijos de la sal.
No haré un huerto florido en esta tumba. A Mala iré,
por fiar mangos verdes y maduros y una torre de plátanos.
    Después
por mi negocio iré. Todo a Lima, compadre, a Lima iré.
El Niño está bien muerto. El aire apesta.
Clavo la puerta.
Entierro la atarraya.
Enciendo el lamparín.

DEATH OF THE CHILD JESUS

I haven't lit the kerosene lamp for four nights.
My eyes are fixed on that dried up wick.
Blind in the darkness as a chick is blind in the light.
My eyes like a slaughtered lamb. Poor shit: night owl of the dunes.
And I know that the Holy Child neither rewards nor punishes.
    Here there's no God.
I know too there's a full moon for the soles of my feet ache.
A moon that in a couple hours will be darker than this sky.
Waters and winds the color of a rosy grape.
Then the devout will put out to sea—for a few fish.
Then the devout will go into the fields—for a few figs.
Such a bloody hassle. Then the cock gave up the ghost.
An ocean of seaweed and jelly fish and a sandbank of shit.
We're the sons of the children of the salt.
I'll never cultivate a flourishing garden in this grave.
I'll go to Mala and get green mangos and ripe ones and a pile of
    bananas on credit. Afterwards
I'll do my business. Everything's in Lima, man, I'm off to Lima.
I'll nail up the door
Bury the lightning rod
And light the lamp.

(M.A.)

1

Era la cuarta semana de los lenguados.
De las islas de Lurín a Pucusana el mar era un lenguado.
Casi no había agua por estos lares.
                                    Todo era pez.
Al principio sólo las gaviotas y el viejo gallo —Don
          Ramiro llamaban. No. Don Blas.
Alto y antiguo entre las arenas del muy-muy y los cantiles,
colorado como un gallo de pelea bajo el sombrero de paja
          de Ecuador.
Don Blas llamaban. No. Era Ramiro. (No recuerdo su nombre).
Después fueron los chinos. Eran chinos de Lurín y de Cantón.
En ese año del Señor no había japoneses como ahora, (son
          buenos pescadores).
Entonces puro chino nomás.
Y en la cuarta semana de las olas sin agua el mar ya no
          fue azul.
Sólo un ojo brillante en la rompiente.
Y todos —hasta los muchachitos y las hembras— pescaban
          con la mano.
Con la mano nomás, como ciruelas.
Don Ramiro (Don Blas) vio el lenguado primero el primer
          día.
Y el último lenguado.
                    Y no quiso pescar.
Y en la cuarta semana tomó una estrella rota —roja como
          su cuello—
Y subió a las colinas de Punta Negra sin volver la cabeza
          hacia las aguas.
Como un perro salvaje de las dunas.
Como si el mar Pacífico cosa fuese del Diablo —o del
          Niño Jesús.

2

Hace cuatro semanas que volvieron. Pero yo
de memoria conozco a los cabrones.
Noche tras noche atrás de la rompiente con la mecha en la
          mano.

IT WAS THE FOURTH WEEK OF THE SOLE

1

It was the fourth week of the sole.
From the islands off Lurín to Pucusana the sea was a single sole.
There was hardly any water in these parts.
                                        It was all fish.
At first only the seagulls and that old cock—Don Ramiro
      they called him. No. Don Blas.
Tall and old between the sands slippery with sea snails and
      the edge of the cliffs.
red like a fighting cock beneath his straw hat from Ecuador.
Don Blas they called him. No. It was Ramiro. (I can't remember his
      name).
Later on it was the Chinese. Chinese from Lurín and Canton.
In that year of our Lord there weren't any Japanese like now
      (they're good fishermen).
Then it was only the Chinese.
And in the fourth week of waterless waves the sea was no longer
   . blue.
Only a shimmering eye along the breakwater.
And everyone—even the small kids and the women—fished with
      their hands.
With their hands, like plums.
Don Ramiro (Don Blas) saw the first sole on the first day
And the last sole.
                        And refused to fish.
In the fourth week he picked up a broken starfish—red as
      his neck—
And climbed the hills above Punta Negra without a backward
      glance at the sea.
Like some wild dog of the dunes
As if the Pacific Ocean belonged to the Devil—or to the Child
      Jesus.

2

Four weeks ago they returned. But I know these bastards by heart.
Night after night behind the breakwater with fuses in hand.

Haciendo mierda los bancos de lenguado (carne negra contra
   el fondo del mar
y blanca contra el sol), haciendo mierda las crías de las
   hembras.
Dinamiteros son, no pescadores. Nomás lancha a motor y
   camareta
—gallinazos del agua. De memoria conozco a los cabrones.
   Y así yo silicito:
El Niño Dios les vuele la cabeza con los mismos petardos
   que ellos vuelan el mar.
Y sea antes del alba, cuando el mundo está oscuro y los
   tumbos congelan.
(Así lo solicito en castellano).

Blowing up the schools of sole (black flesh on the seabed
and white in the sun) blowing up the females' young.
They're dynamiters not fishermen. Just a motorboat and some
    grenades.
Vultures of the sea. I know these bastards by heart.
    And so I pray:

May the Holy Child blow their heads off with the same charges
    they used to blow up the sea.
Before dawn, when the world is dark and the breakers freezing.
(So I pray for it in Spanish).

(M.A.)

LAS SALINAS

Yo nunca vi la nieve y sin embargo he vivido entre la
    nieve toda mi juventud.
En las Salinas, adonde el mar no terminaba nunca y las
    olas eran dunas de sal.
En las Salinas, adonde el mar no moja pero pinta.
Nieve de mi juventud prometedora como un árbol de mango.
Veinte varas de sal para cada familia de cristianos. Y
    aún mas.
Sal que los arrieros nos cambiaban por el agua de lluvia.
    Y aún mas.
Ni sólidos ni líquidos los blanquísimos bordes de ese mar.
Bajo el sol de febrero destellaban más que el flanco de
    plata del lenguado.
(Y quemaban las niñas de los ojos).
A veces las mareas —hora del sol, hora de la luna—
    se alzaban como lomos de caballo.
Mas siempre se volvían.
Hasta que un mal verano y un invierno las aguas afincaron
    para tiempos
y ni rezos ni llantos pudieron apartarlas de los campos
    de sal.
        Y el mar levantó techo.

Ahora que ya enterré a mi padre y a mi hermano mayor y
    mis hijos están prontos a enterrarme,
han vuelto las Salinas altas y deslumbrantes bajo el sol.
Hay también unas grúas y unas torres que separan los
    ácidos del cloro.
(Ya nada es del común).
Y yo salgo muy poco pero Luis —el hijo de Julián—
    me cuenta que los perros no dejan acercarse.
Si parece mentira.
Mala leche tuvieron los hijos de los hijos de la sal.
Puta madre.
Qué de perros habrá para cuidar los blanquísimos campos
    donde el mar no termina y la tierra tampoco.
Qué de perros, Señor, qué oscuridad.

THE SALT BEDS

I've never seen the snow and yet I've lived with snow throughout
   my childhood.
In the salt beds, where the sea never ended and the waves were
   dunes of salt.
In the salt beds, where the sea never moistens, but paints.
Snow of my youth as promising as a mango tree.
Twenty cubic yards of salt for each Christian family.
   And even more.
Neither solid nor liquid the very whitest borders of that sea
Beneath the February sun they sparkled brighter than the silver
   flanks of the sole.
(Burning the pupils of your eyes)
Sometimes the tides—by daylight, by moonlight—
   rose high as the shoulders of a horse.
But they always went back.
Until one bad summer and winter the waters set in for a long time
and neither prayers nor cries could drive them from the
fields of salt.
   And the sea raised its roof.

Now that I've buried my father and my older brother and my
   children will soon bury me,
the salt beds have reappeared high and shining under the sun.
There are also some cranes and towers that separate the acids
   from the chlorine.
(Nothing is shared anymore).
I go out little but Luis—Julian's son—tells me that the dogs won't
   let anyone get near.
It's hard to believe.
   Bad luck for the sons of the children of the salt.
Motherfucker!
How many dogs will it take to guard the whitest fields where the
   sea never ends nor the land either.
What dogs, Lord, what darkness!

(M.A.)

ENTONCES EN LAS AGUAS DE CONCHAN
(VERANO 1978)

Entonces en las aguas de Conchán ancló una gran ballena.
Era azul cuando el cielo azulaba y negra con la niebla.
    Y era azul.
Hay quien la vio venida desde el Norte (donde dicen que
    hay muchas).
Hay quien la vio venida desde el Sur (donde hiela y
    habitan los leones).
Otros dicen que solita brotó como los hongos o las hojas
    de ruda.
Quienes esto repiten son las gentes de Villa El Salvador,
    pobres entre los pobres.
Creciendo todos tras las blancas colinas y en la arena:
    Gentes como arenales en arenal.
(Sólo saben del mar cuando está bravo y se huele en el
    viento).
El viento que revuelve el lomo azul de la ballena muerta.
    Islote de aluminio bajo el sol.
La que vino del Norte y del Sur y solita brotó de las
    corrientes.
La gran ballena muerta.
Las autoridades temen por las aguas: La peste azul entre
    las playas de Conchán.
La gran ballena muerta.
(Las autoridades protegen la salud del veraneante).
Muy pronto la ballena ha de podrirse como un higo maduro
    en el verano.
La peste es, por decir, 40 reses pudriéndose en el mar
    (o 200 ovejas o 1000 perros).
Las autoridades no saben cómo huir de tanta carne muerta.
Los veraneantes se guardan de la peste que empieza en las
    malaguas de la arena mojada.
En los arsenales de Villa El Salvador las gentes no reposan.
Sabido es por los pobres de los pobres que atrás de las
    colinas
flota una isla de carne aún sin dueño.
Y llegado el crepúsculo —no del océano sino del arenal—
se afilan los mejores cuchillos de cocina y el hacha del
    maestro carnicero.
Así fueron armados los pocos nadadores de Villa El Salvador.

IN THE WATERS OFF CONCHAN
(SUMMER OF 1978)

Then a huge whale anchored in the waters off Conchán.
It was blue when the sky turned blue and black in the fog.
  It was blue.
Someone saw it coming from the North (where they say there are
  many).
Someone saw it coming from the South (where it freezes and the
  sea lions live).
Others say it just sprouted like the mushrooms or the rue leaves.
The ones who repeat this are the people from Villa El Salvador,
  the poorest of the poor.
Spreading behind the white hills and onto the sand. People like
  grains of sand in a sandbank.
They're only aware of the sea when it's rough and you can smell it
  on the wind.
The wind that stirs the blue back of the dead whale.
  An island of aluminum beneath the sun.
The one that came from the North and the South and sprouted out
  of the waves.
The huge dead whale.
(The authorities protect the health of the summer residents).
Very soon the whale will begin to rot like a ripe fig in summer.
The stench they say is that of 40 head of cattle rotting in the sea
  (or 200 sheep or 1000 dogs).
The authorities don't know how to deal with so much dead meat.
The summer residents steer clear of the stench that begins with
  the jellyfish on the wet sand.
On the sand hills of Villa El Salvador people cannot rest.
The poorest of the poor know that behind the hills
floats an island of meat that belongs to no one.
And when twilight comes—not from the sea but from the sand
  hills—
They sharpen their best kitchen knives and the butcher's axe
Thus armed those few from Villa El Salvador who knew how to
  swim went down to the beach.

Y a medianoche luchaban con los pozos donde espuman las olas.
La gran ballena flotaba hermosa aún entre los tumbos helados. Hermosa todavía.

Sea su carne destinada a 10,000 bocas.
Sea techo su piel de 100 moradas.
Sea su aceite luz para las noches y todas las frituras del verano.

And at midnight they struggled through the surf where the waves
  break.
The huge whale was floating beautiful still between the icy
  breakers.
  Still beautiful.

May it provide meat for 10,000 mouths.
May its skin provide roofs for a 100 dwellings.
May its oil provide light for the nights and all the feasts of
  summer.

(M.A.)

"Translating Cisneros"

Antonio Cisneros published *Comentarios Reales* in 1964. He was twenty-two years old. That same year I arrived in Peru on a three-year teaching contract. There I met Maureen Ahern who had already been in Lima a number of years. She introduced me to the work of various Peruvian writers, including Vallejo, Ciro Alegría and Vargas Llosa. I discovered too the work of several contemporary poets—Washington Delgado and Javier Heraud. Heraud had been killed as a guerrilla in the eastern jungle at the age of twenty-one the previous year. His death had caused much anxiety among poets in Lima. He had been acclaimed as the most promising of his generation. In 1965 I met the American poet, Clayton Eshleman, who was in Lima working upon his translations of Vallejo's *Poemas Humanos*. He had also started to edit a bilingual literary quarterly, *Quena*, which for various political reasons never appeared. But the idea of just such a journal lingered after Eshleman had left Peru. And in 1966 a group of writers, including Maureen and I, put out the first number of *Haravec*, a bilingual magazine that ran for half-a-dozen issues. Compiling material for the first we met—and got to know the best poets then writing in Lima. At a party for *Haravec* in 1966 I met Antonio Cisneros for the first time. A tall young man in a brown tweed-suit, he gave me a copy of *Comentarios Reales* and told me he'd been offered a post teaching Spanish Literature at Southhampton University.

Back in England for a year in 1967 I began translating the poems from *Comentarios Reales*. They seemed the most interesting I had read by a contemporary Peruvian. I translated a dozen or so and sent them to Maureen. She checked through my work and wrote back. She too was enthusiastic and excited. I returned to Peru in 1968. At that point Maureen and I got together once more to edit the fifth number of *Haravec*. By now we had translated most of the poems in *Comentarios*

Reales. In terms of Peruvian poetry the book clearly represented a breakthrough. The strength of these terse and laconic poems lay in their irony and precision of language. Through them Cisneros explored Peru's historical past, exploding certain popular myths, satirizing the official textbook version of history and attacking Conquerors, the Church and Vice-royalty; bureaucracy and patriotic clichés alike. We published a selection of our translations in the fifth issue of *Haravec*.

In 1968-69 we continued to work on, and send out, our translations of Cisneros' poetry. A number of magazines—*Tri-Quarterly, Stand, London Magazine*—began to accept them. As a consequence his poetry began to be known in the USA and Britain. By this time Cisneros' second major book, *Canto ceremonial contra un oso hormiguero*, had been published in Cuba and had won the Casa de Las Américas Poetry Prize. In it he developed some of the themes from *Comentarios Reales*, but included more personal experience in the poems, giving the work a greater richness and complexity. Without sacrificing the control and irony of the earlier book he developed the long-line structure which has become a characteristic of his poetry.

One important result of our work was that we met Will Rowe. He was living in Lima himself and knew Cisneros personally. One evening he called round at my apartment. He said that he'd seen our translations and showed us those he had done from Cisneros' prize-winning book. Though interested in the spare taut style of *Comentarios Reales* and its radical reading of Peruvian history, Will Rowe had translated only from *Ceremonial Song Against an Anteater*, most of which Cisneros had written in England. He explained that he wanted to get over into English Cisneros' view of British culture as seen by someone from the Third World. The combination of history with the personal voice, something one might look for in English poetry after the pioneering work of Pound, was still unusual in Spanish. In fact Cisneros had been reading Robert Lowell and also knew the work of T.S. Eliot. Will Rowe felt that the ironical epic tone, including Roman references, combined with popular Peruvian culture and a Latin American's experience of Britain made something quite new.

In the months that followed the three of us combined our work. Will Rowe made some changes in his manuscript and we did so in ours. We picked a selection of what we considered the thirty-seven best poems from the two books and attempted to get the volume published. Cisneros had met a number of writers in London, significantly Nathaniel Tarn, then editor of Cape-Goliard.

Will Rowe who returned to London in 1969 saw the book through the press and *The Spider Hangs too far from the Ground* came out in 1970. It aroused a good deal of critical attention. There was inevitably some criticism of our translations. It seems to me that no translation is ever perfect, ever quite finished. Like much contemporary poetry itself, one can continue to chip away at the finished version, trying to improve it—to make it simultaneously closer to the original yet a better poem in the language of translation. The process is infinite, but a point comes when one has to say: this version is as final as we can make it.

Fourteen years have passed since the Cape book came out. Cisneros has published four more books of complex and fascinating poetry. These four show the development of a major poet and confirm his talent and reputation. The last *La Crónica del Niño de Jesús de Chilca*, which won special mention in the Nicaraguan Ruben Darío Prize, consists of a group of poems based upon a community of fishermen and peasants who until recently worked and lived in Chilca, a hundred miles south of Lima. The people were dispersed when the area was converted into luxury beach resorts. The book seems to exhibit a new and important direction in which Cisneros' poetry is moving.

Maureen Ahern is living in Arizona, Will Rowe in London and I in Bradford. After his years in England, the USA, France and Hungary Cisneros himself is back in Lima. Over the last ten years or so I have continued to translate his poems and so has Maureen. These have been published in magazines, but it wasn't until the three of us met in Bradford in 1979 that we collaborated again and put together *At Night the Cats.* It is a selection that includes, we believe, the best work from all the Spanish volumes of Cisneros' poetry. In getting it ready for publication we went over every translation, including those which appeared in *The Spider Hangs too far from the Ground* and *Helicopters in the Kingom Of Peru* (Rivelin Press, 1980), revising and hopefully improving them. All that we can hope is that they do justice to the original poetry.

DAVID TIPTON